AF550244

MAREN BERTRAM

• Ninja •
Heißluftfritteuse
Kochbuch

Email: info@edition-lunerion.de
www.edition-lunerion.de

Psiana eCom UG
Berumer Str. 44
26844 Jemgum

Vorwort

Knusprige Pommes, Backfisch und Braten sind genau Ihr Ding, aber billiges Fett und reichlich Kalorien sorgen für ein schlechtes Gewissen? Das muss nicht sein! Denn mit der Ninja Heißluftfritteuse klappt das auch in geschmackvoll gesund – und was Sie sonst noch alles aus dem Küchenwunder zaubern, zeigt Ihnen dieses Rezeptbuch.

Weniger Öl, Leckereien, die außen knusprig und innen saftig sind, Blitz-Zubereitung und Energiespar-Potential – wenn Sie in den Genuss all dieser Vorzüge gleichzeitig kommen möchten, dann müssen Sie einfach nur zur Heißluftfritteuse greifen. Und die kann viel mehr als nur Pommes, Chicken Nuggets & Co.: Denn in dem platzsparenden Allrounder gelingen vom feinen Frühstück über den raffinierten Salat bis hin zu aromatischen Eintöpfen und köstlichen Hauptspeisen vielfältigste Leckereien für jeden Geschmack. Ob Veggie, Fleischliebhaber, Fischfan oder Naschkatze, in diesem Buch entdecken Sie eine Riesenauswahl an köstlichen Gerichten, die in kürzester Zeit auf den Punkt gegart genussfertig sind.

Guten Appetit!

Kleines Kochwunder Heißluftfritteuse

Seit der Erfindung in den USA in den 90er-Jahren gibt es die kleinen Geräte schon und sie sind heute zeitgemäßer denn je. Durch den kleinen Garraum und die höchst effiziente Nutzung der Wärme werden Gerichte nicht nur wunderbar knusprig. Sie sind auch sehr schnell fertig und bereit zum Verspeisen. Heiße Luft wird durch die Form am Boden perfekt im Garraum verwirbelt und sorgt so für eine tolle Kruste. Im Gegensatz zu herkömmlichen Fritteusen, in denen die Zutaten im Fett schwimmen und sich damit vollsaugen, benötigen Sie beim Frittieren mit heißer Luft nur einen Bruchteil der Menge an Öl.

Sie erhalten Heißluftfritteusen in unterschiedlichen Größen von 1 Liter Innenvolumen bis zu 5 Litern, inklusive mehrerer Garkammern, in denen Sie zwei Komponenten separat garen können. Für dieses Buch sind wir von einem mittleren Ninja 2-Liter-Gerät mit einer Garkammer ausgegangen.

Manche Familien nutzen ihre Heißluftfritteuse als Ersatz für einen großen Ofen. Das spart nicht nur Zeit, sondern auch Energiekosten, da die Geräte sehr effizient arbeiten und viele Gerichte in der Heißluftfritteuse nur halb so lange brauchen wie in einem herkömmlichen Ofen. Außerdem ist so ein Gerät perfekt, wenn Sie mehrere Gänge kochen möchten und viele verschiedene Gerichte gleichzeitig gegart werden sollen. Die Heißluftfritteuse lässt sich nach dem Kochen wieder platzsparend im Küchenschrank verstauen. Lassen Sie sie jedoch zuvor ganz abkühlen. Zum Schluss noch ein paar Tipps, damit Sie schnell und erfolgreich mit der Heißluftfritteuse kochen können:

Tipps

- Die Heißluftfritteuse muss höchst selten vorgeheizt werden, da sie quasi in Minuten auf Temperatur ist. Bestreichen Sie das Gitter des Garkorbes mit einer kleinen Menge Öl, um das Anbacken zu verhindern. Das ist nur bei empfindlichen Gerichten wie zum Beispiel Keksen notwendig.
- Es ist sehr wichtig, dass Sie die Lebensmittel während der Backzeit ein oder mehrmals kräftig schütteln oder wenden. Nur so wird alles rundherum gegart und knusprig.
- Passen Sie die Backzeiten von herkömmlichen Rezepten an, denn die Heißluftfritteuse gart die meisten Gerichte schneller. Kontrollieren Sie gerade als Anfänger lieber mehrmals, damit nichts anbrennen kann.
- Für bestimmte Gerichte und Gebäck, wie z. B. Kuchen, brauchen Sie eine Back- bzw. Auflaufform. Messen Sie Ihre Heißluftfritteuse innen aus und kaufen Sie eine entsprechende Form. Solche Formen gibt es von den Herstellern, jedoch auch in einer ganz normalen Haushaltsabteilung.
- Füllen Sie den Garkorb nicht zu voll. Die Lebensmittel sollten auf keinen Fall die Heizdrähte im oberen Bereich berühren. Füllen Sie den Korb also nur bis zu zwei Drittel.
- Stellen Sie das Gerät nicht zu nah an Wände oder andere Objekte, denn besonders die Rückseite wird sehr heiß.
- Auch für kleine Familienmitglieder sind die Geräte wunderbar leicht zu bedienen. Je nach Alter und Fähigkeit können Sie Ihre Kinder selbst relativ sicher ein paar Mahlzeiten zubereiten lassen.

Frühstück

Vom selbst gemachten Müsli bis zu gekochten Eiern kann Ihre Heißluftfritteuse so einiges zaubern, das Ihnen einen guten Start in den Tag bereitet.

Es ist so einfach wie genial, Brötchen und Eier zur gleichen Zeit zu garen und so beides ohne viel Aufwand warm zu servieren. Doch auch wenn Sie etwas Besonderes zum Brunch zaubern möchten, finden Sie in diesem Kapitel einige Rezepte. Sie haben die Auswahl von Zitronengebäck über warme Zimtäpfel, die sich perfekt zu Joghurt eignen, bis hin zu deftigen und sättigenden Frühstücksmuffins.

Auch Eier gelingen, wie im Rezept der Tomaten-Spinat-Frittata oder der Kartoffel-Tortilla, und liefern Energie für den bevorstehenden Tag.

ZITRONENMUFFINS

16 Port. 40 Min. Leicht

Zutaten

375 g Mehl
1 Päckchen Backpulver
3 Eier
250 ml Milch
80 ml Pflanzenöl
1 EL Butter
150 g Zucker + 2 EL Zucker
1 Zitrone in Bioqualität
1 Prise Salz

Außerdem:
Muffinförmchen aus Silikon, Holzstäbchen, Handmixer

Nährwerte p. P.

188 kcal
30 g Kohlenhydrate
6 g Fett
5 g Eiweiß

1 Waschen Sie die Zitrone heiß ab. Reiben Sie die Schale ab und stellen Sie die Zeste zur Seite.

2 Geben Sie 150 g Zucker und das Salz in eine Schüssel und schlagen Sie die Eier dazu. Schlagen Sie die Mischung mit dem Handmixer kräftig auf, bis sich der Zucker aufgelöst hat. Rühren Sie die Zitronenschale ein.

3 Gießen Sie unter Rühren zuerst das Öl und dann die Milch in die Mischung. Lassen Sie das Backpulver und das Mehl unter Rühren einrieseln und mixen Sie, bis ein feiner Teig entsteht. Lassen Sie den Teig 30 Minuten ruhen. Heizen Sie die Heißluftfritteuse auf 180 °C vor.

4 Streichen Sie etwas Butter in das Innere jedes Förmchens. Gießen Sie den Teig gleichmäßig in die Muffinförmchen und bestreuen Sie die Oberseite mit dem verbliebenen Zucker. Backen Sie die Muffins für ca. 15 bis 20 Minuten und machen Sie eine Stäbchenprobe, indem Sie einen Holzspieß in einen Muffin stecken. Kommt er heraus, ohne dass flüssiger Teig daran haftet, sind die Muffins auch von innen gar.

5 Entnehmen Sie die Förmchen aus der Fritteuse und lassen Sie das Gebäck auf einem Gitter auskühlen.

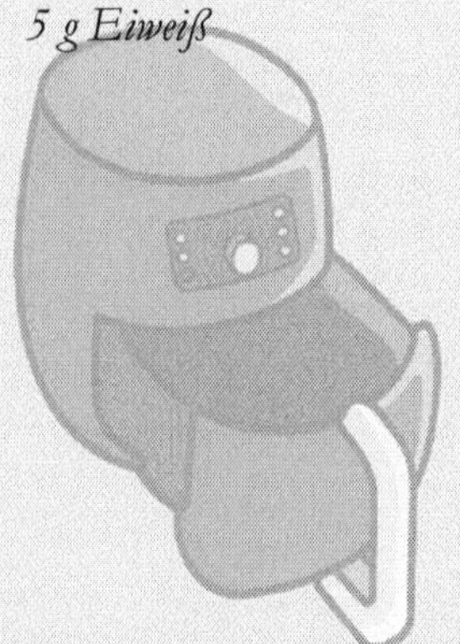

FRÜHSTÜCKSMUFFINS

4 Port.

20 Min.

Leicht

Zutaten

4 Scheiben Toastbrot, Vollkorn
4 Eier
8 Scheiben Frühstücks-speck
Salz
Pfeffer
Paprikapulver

Außerdem:
4 Muffinförmchen aus Silikon

Nährwerte p. P.

239 kcal
11 g Kohlenhydrate
13 g Fett
20 g Eiweiß

1 Legen Sie die Speckscheiben in den Korb der Heißluftfritteuse. Schalten Sie das Gerät auf 190 °C und lassen Sie es vorheizen, während der Speck innen schon 5 Minuten vorgart. Er sollte nicht mehr roh, aber auch noch nicht knusprig sein.

2 Legen Sie jeweils eine Scheibe Toast auf eine Muffinform und drücken Sie diese dann mit den Händen in die Form, sodass Boden und Wände bedeckt sind und das Brot platt ist.

3 Nehmen Sie den Speck aus der Heißluftfritteuse und legen Sie je zwei Scheiben kreuzförmig in die Mulden der Muffinförmchen auf den Toast. Schlagen Sie jeweils ein Ei darauf. Bestreuen Sie das rohe Ei mit Salz, Pfeffer und Paprikapulver.

4 Stellen Sie die Förmchen in den Korb der Heißluftfritteuse und garen Sie die Muffins für ca. 15 Minuten, bis das Ei gestockt ist.

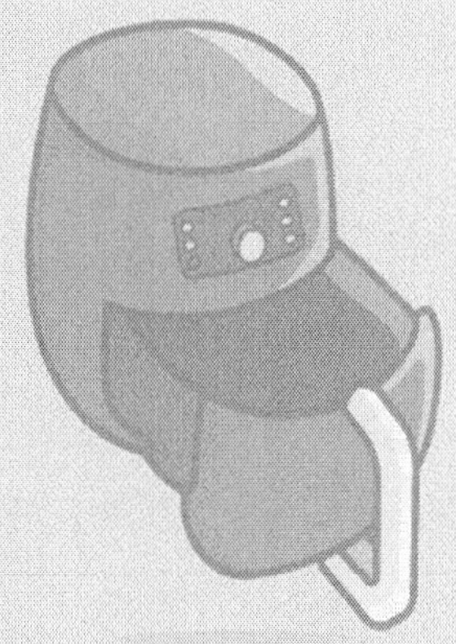

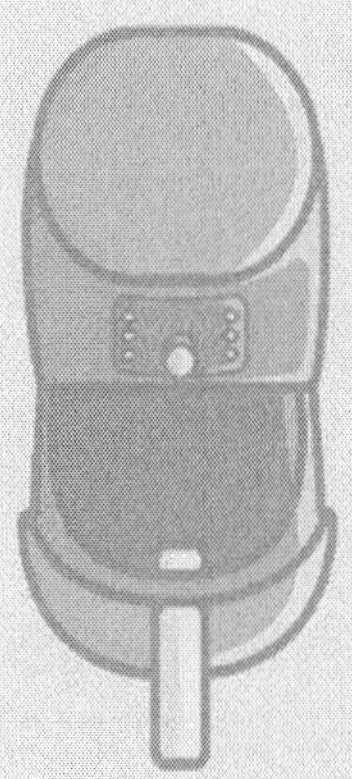

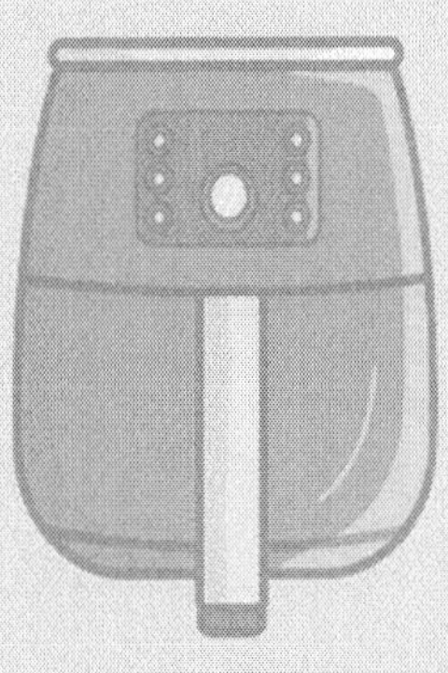

WARME ÄPFEL AUF NATURJOGHURT

2 Port.

15 Min.

Leicht

Zutaten

400 g Joghurt, natur
2 EL Haferflocken
2 Äpfel
1 EL Kokosöl
1 EL Ahornsirup
1 TL Zimt

Nährwerte p. P.

158 kcal
19 g Kohlenhydrate
6 g Fett
6 g Eiweiß + Joghurt

1 Waschen Sie die Äpfel und entkernen Sie sie. Schneiden Sie sie nun in grobe Würfel. Heizen Sie die Heißluftfritteuse auf 190 °C vor.

2 Verteilen Sie den Joghurt in zwei Schälchen und rühren Sie jeweils einen Esslöffel Haferflocken ein.

3 Mischen Sie die Apfelstücke mit dem Ahornsirup und dem Zimt sowie dem flüssigen Kokosöl, sodass jedes Stück bedeckt ist.

4 Backen Sie die Äpfel nun ca. 15 Minuten in der Fritteuse, bis die Stücke außen goldbraun und innen weich sind.

5 Verteilen Sie die Äpfel auf dem Joghurt und servieren Sie sie noch lauwarm.

Tipp: Falls das Kokosöl an kälteren Tagen hart ist, stellen Sie es in einer kleinen Schüssel in die Heißluftfritteuse, während diese vorheizt.

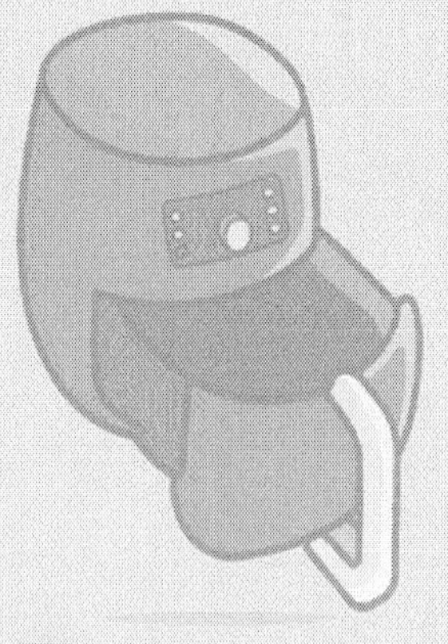

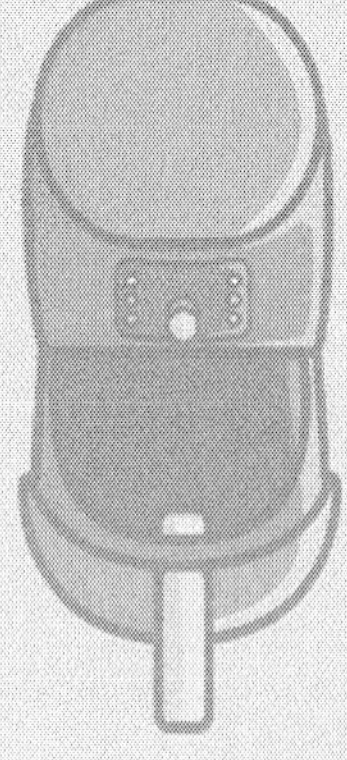

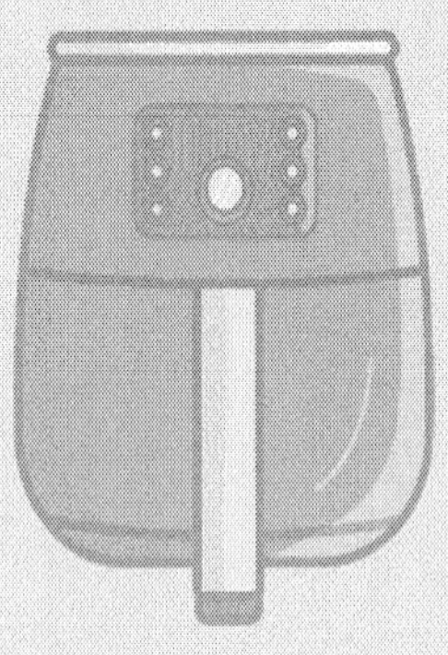

GRUNDREZEPT: GRANOLA

12 Port. 30 Min. Mittel

Zutaten

220 g Haferflocken
70 g Sonnenblumenkerne
50 g Kürbiskerne
½ TL Zimt
½ TL Salz
1 Prise Muskat, gemahlen
50 g getrocknete Mangos oder Rosinen
60 g Mandelmus
½ TL Vanilleextrakt
100 g Ahornsirup

Außerdem:
Gitter und Backpapier

Nährwerte p. P.

202 kcal
23 g Kohlenhydrate
9 g Fett
6 g Eiweiß

1 Heizen Sie die Heißluftfritteuse auf 160 °C vor. Mischen Sie die Haferflocken mit den Gewürzen und den Kernen in einer Schüssel. Schneiden Sie nun die Mangos in kleine Würfel und geben Sie sie zu der Mischung.

2 Gießen Sie den Ahornsirup, das Mandelmus und den Vanilleextrakt zu der Mischung und vermengen Sie alles gründlich und gleichmäßig.

3 Geben Sie die Zutaten auf den Korbboden. Achten Sie darauf, dass beim Backen keine zu dicken Schichten entstehen. Verteilen Sie die Zutaten darum besser dünn im Korb der Heißluftfritteuse und backen Sie sie in mehreren Durchgängen.

4 Backen Sie das Müsli für 6 Minuten. Rühren Sie die Zutaten dann um und drücken Sie sie danach leicht an. Backen Sie sie dann weitere 3 bis 8 Minuten, bis das Müsli leicht gebräunt ist.

5 Verteilen Sie das Müsli nun dünn auf einem mit Backpapier ausgelegten Gitter und lassen Sie es dort vollständig auskühlen. Geben Sie es dann in luftdichte Behälter oder verspeisen Sie es gleich mit Milch oder Joghurt.

Tipp: Sie können das Rezept nach eigenen Wünschen anpassen. Statt Kürbiskernen verwenden Sie gehackte Nüsse oder Kokosflocken, statt Mangos oder Rosinen verwenden Sie Datteln oder getrocknete Beeren und statt Mandelmus verwenden Sie Kokosmus oder Cashewmus. Der Fantasie sind bei diesem gesunden Frühstücksrezept keine Grenzen gesetzt.

CROISSANTS MIT FRUCHTFÜLLUNG

4 Port.

40 Min.

Mittel

Zutaten

1 Blätterteig, 270 g, aus dem Kühlregal
6 EL Erdbeermarmelade
6 TL Mandeln, gestiftelt
1 EL Puderzucker

Außerdem:
Pizzaroller

Nährwerte p. P.

423 kcal
41 g Kohlenhydrate
25 g Fett
8 g Eiweiß

1 Nehmen Sie den Blätterteig aus dem Kühlschrank und rollen Sie ihn aus. Lassen Sie den Teig zunächst 10 Minuten ruhen, damit er Zimmertemperatur annehmen kann, und bereiten Sie währenddessen die Füllung vor. Heizen Sie die Fritteuse auf 150 °C vor.

2 Geben Sie die Marmelade in eine Schüssel und rühren Sie die Mandelstifte ein. Schneiden Sie den Blätterteig mit einem Pizzaroller in sechs Dreiecke. Verteilen Sie die Füllung jeweils auf den breiten Enden der Dreiecke. Rollen Sie die Dreiecke dann von der breiten Seite her auf.

3 Geben Sie je nach Größe der Fritteuse zwei bis drei Croissants in den Korb und backen Sie sie dann für 15 Minuten, bis sie goldbraun sind. Platzieren Sie die Croissants mit etwas Abstand, da der Teig sich beim Backen noch ausdehnt. Verfahren Sie genauso mit den restlichen Teiglingen.

4 Lassen Sie das Gebäck ein wenig abkühlen und bestreuen Sie es dann mit Puderzucker.

Tipp: Auch salzig gefüllt, mit Käse und Schinken, oder gar pur ohne Füllung sind die Gebäcke ein Hit am Frühstückstisch.

FRITTEUSEN-RITTER

2 Port. 45 Min. Mittel

Zutaten

4 dicke Scheiben altbackenes Brot
3 Eier
350 ml Milch
1 EL Zucker
½ TL Zimt
1 Prise Salz
50 g Brombeermarmelade

Nährwerte p. P.

575 kcal
84 g Kohlenhydrate
17 g Fett
20 g Eiweiß

1 Schlagen Sie die Eier in eine Schüssel und verquirlen Sie sie mit dem Zimt und Zucker und einer Prise Salz. Gießen Sie die Milch hinzu und rühren Sie sie unter die Eimasse.

2 Legen Sie die Brotscheiben in die Milch hinein. Lassen Sie das Brot darin 5 bis 15 Minuten einweichen. Die Einweichzeit variiert je nach Härte und Größe des Brotes: Je älter es ist, umso länger braucht es.

3 Heizen Sie in der Zwischenzeit die Heißluftfritteuse auf 190 °C vor.

4 Pinseln Sie den Boden des Korbs mit etwas Butter oder Öl ein. Legen Sie die eingeweichten Brotscheiben in den Korb und garen Sie sie für 7 Minuten, bis sie goldbraun und leicht knusprig sind.

5 Servieren Sie das Gebäck warm, mit etwas Brombeermarmelade bestrichen..

Tipp: Passen Sie die Einweichzeit und die Menge der Milch an Ihr Brot an. Je älter und trockener das Brot ist, desto mehr Flüssigkeit nimmt es auf und desto länger kann es einweichen, ohne zu zerfallen. So können Sie auch sehr altes Brot verwenden, statt es wegwerfen zu müssen.

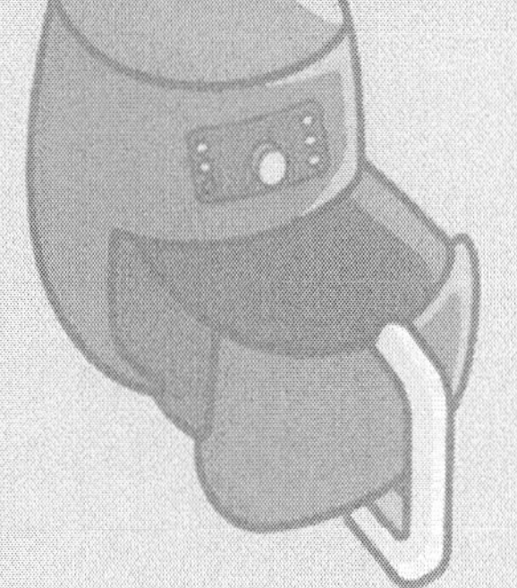
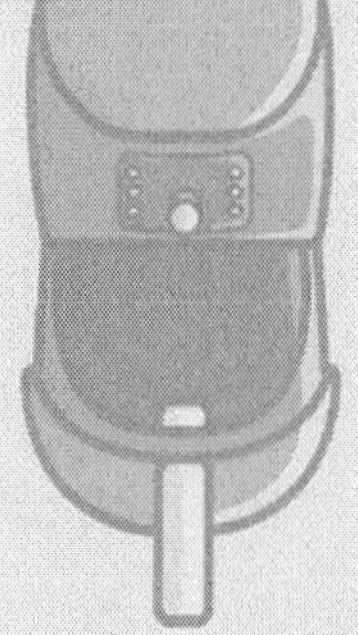
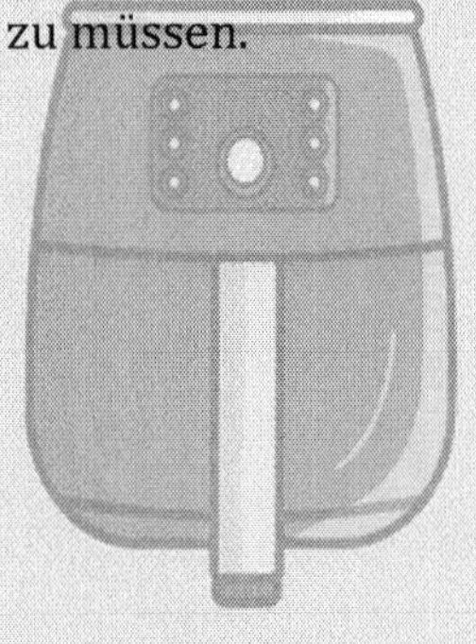

TORTILLA-OMELETT MIT KARTOFFELN

4 Port.

45 Min.

Mittel

Zutaten

1 kg Kartoffeln, mehligkochend
8 Eier
1 Zwiebel, gelb
2 Knoblauchzehen
1 EL Olivenöl
Salz
Pfeffer

Außerdem:
Backpapier oder Pie-Form für die Heißluftfritteuse

Nährwerte p. P.

381 kcal
46 g Kohlenhydrate
14 g Fett
14 g Eiweiß

1 Schälen Sie die Kartoffeln und schneiden Sie sie in dünne Scheiben. Schälen Sie den Knoblauch und die Zwiebel. Pressen Sie den Knoblauch und würfeln Sie die Zwiebel fein.

2 Legen Sie den Korb der Heißluftfritteuse mit Backpapier aus. Geben Sie die Kartoffelscheiben und die Zwiebeln in den Korb. Träufeln Sie 1 EL Olivenöl gleichmäßig über das Gemüse und garen Sie es für 20 Minuten bei 180 °C.

3 Schlagen Sie in der Zwischenzeit die Eier in eine Schüssel. Verquirlen Sie sie mit Salz, Pfeffer und dem gepressten Knoblauch.

4 Gießen Sie die Eimasse über die gegarten Kartoffeln und vermengen Sie die Zutaten dabei vorsichtig.

5 Stellen Sie das Gerät auf 200 °C und garen Sie die Tortilla darin nochmals 15 Minuten, bis die Eier gestockt sind.

Tipp: Servieren Sie die Tortilla warm oder kalt – beides ist ein Genuss. Sie wird wie ein Kuchen geschnitten und ist nicht nur zum Frühstück, sondern auch mit einem Salat zum Mittag sehr lecker.

TOMATEN-SPINAT-FRITTATA

4 Port. | 30 Min. | Leicht

Zutaten

10 Eier
1 Paprika, gelb
10 Cocktailtomaten
1 Handvoll Baby-Spinat (ca. 50 g)
150 g Fetakäse
Salz und Pfeffer nach Geschmack

Außerdem:
Backpapier

Nährwerte p. P.

283 kcal
5 g Kohlenhydrate
20 g Fett
19 g Eiweiß

1 Waschen Sie den Spinat, die Tomaten und die Paprika. Tupfen Sie das Gemüse trocken. Halbieren Sie die Tomaten und entkernen und würfeln Sie die Paprika.

2 Schlagen Sie die Eier in einer Schüssel auf und geben Sie Salz und Pfeffer hinzu. Legen Sie den Korb der Heißluftfritteuse mit Backpapier aus.

3 Verteilen Sie das Gemüse und den Spinat im Korb und gießen Sie dann die Eimasse darüber. Rühren Sie leicht um und streuen Sie zum Schluss den Feta grob zerkleinert darüber.

4 Backen Sie die Frittata bei 200 °C für 20 bis 25 Minuten, bis sie goldbraun ist.

Tipp: Das Gemüse können Sie auch leicht austauschen, denn dieses Rezept eignet sich wunderbar zur Resteverwertung. Eine Frittata schmeckt auch sehr gut mit rohem oder gekochtem Schinken, Rucola, frischen Kräutern, Zucchini oder geraspelten Möhren.

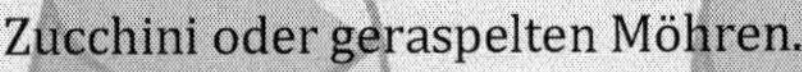
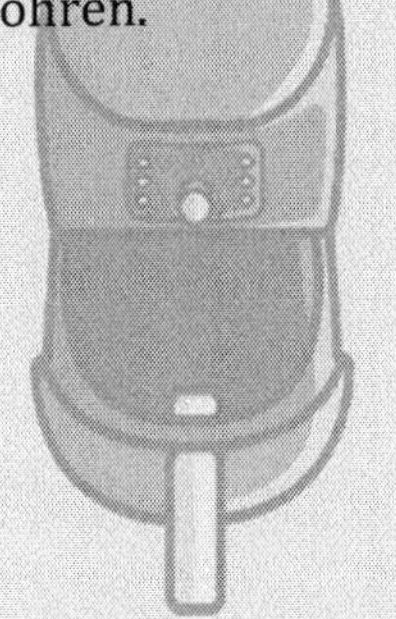
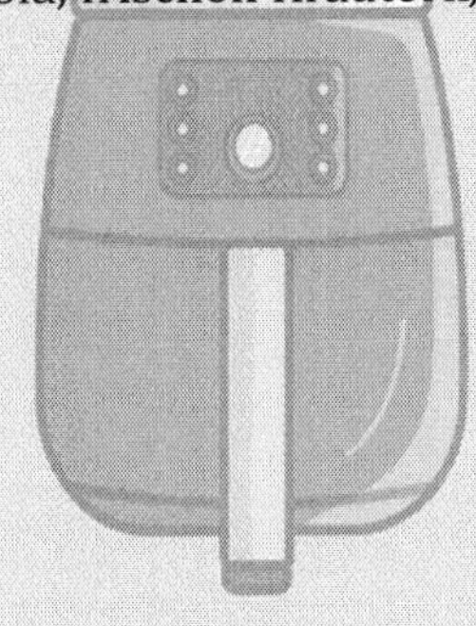

ENGLISCHES FRÜHSTÜCK

4 Port. 25 Min. Leicht

Zutaten

6 Eier
1 TL Butter
4 Scheiben Toast
4 TL Orangenmarmelade
6 Scheiben Frühstücksspeck
Salz
Pfeffer

Außerdem:
Küchenpapier

Nährwerte p. P.

553 kcal
29 g Kohlenhydrate
31 g Fett
39 g Eiweiß

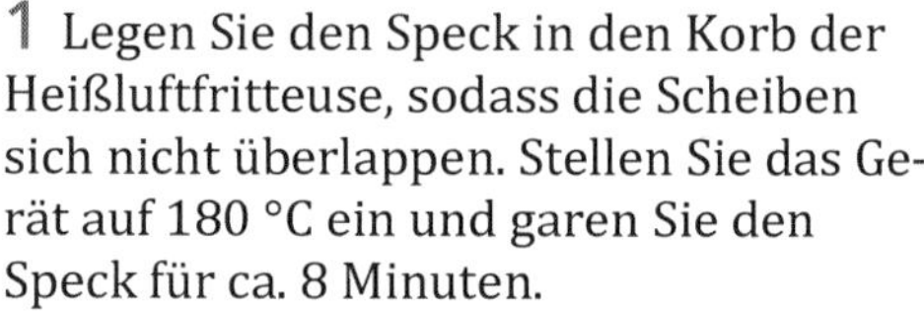

1 Legen Sie den Speck in den Korb der Heißluftfritteuse, sodass die Scheiben sich nicht überlappen. Stellen Sie das Gerät auf 180 °C ein und garen Sie den Speck für ca. 8 Minuten.

2 Verquirlen Sie die Eier und würzen Sie sie mit Salz und Pfeffer. Erhitzen Sie die Butter in einer Pfanne bei mittlerer Hitze. Lassen Sie die Eimasse in die geschmolzene Butter in der Pfanne gleiten und darin garen. Ziehen Sie dabei immer wieder einen Holzspatel über den Pfannenboden, wenn das Ei stockt. Garen Sie das Rührei ca. 5 Minuten, sodass es noch leicht feucht ist.

3 Entnehmen Sie in der Zwischenzeit den Speck aus der Fritteuse und legen Sie ihn auf Küchenpapier, sodass das Fett abtropfen kann. Wischen Sie auch den Innenraum der heißen Fritteuse vorsichtig aus. Geben Sie nun den Toast in den Korb und garen Sie ihn noch 3 Minuten, bis er warm und leicht knusprig ist.

4 Schneiden Sie den Toast quer in Dreiecke und bestreichen Sie diese mit jeweils einem halben Teelöffel Orangenmarmelade. Servieren Sie das Rührei mit Speck und dem Toast.

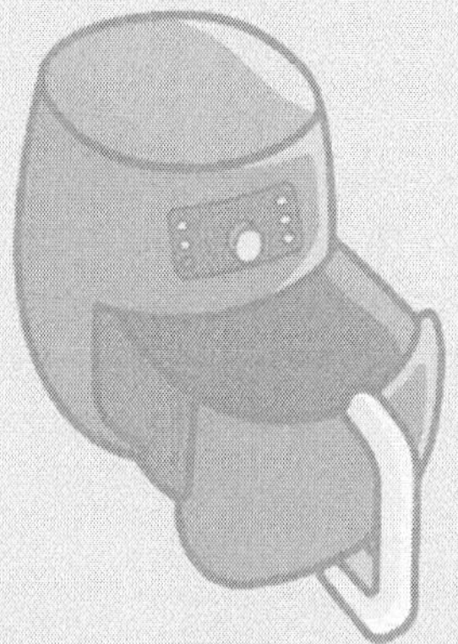 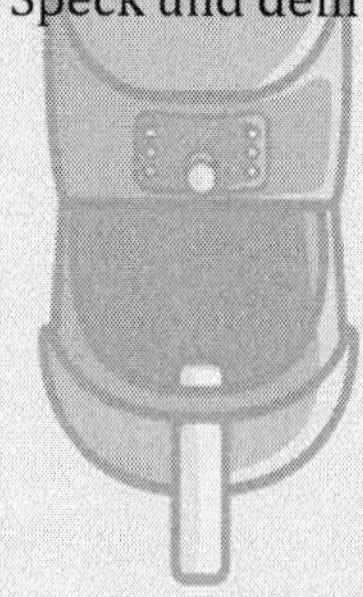 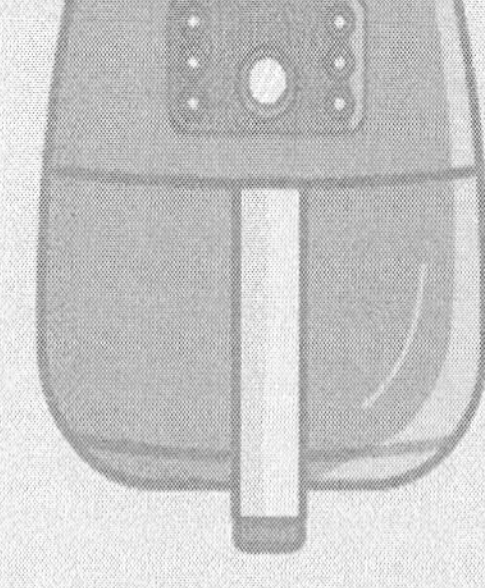

KLEINES KOMPLETT-FRÜHSTÜCK

2 Port. 10 Min. Leicht

Zutaten

2 Aufbackbrötchen, gefroren
2 Eier
2 TL Butter
Salz

Nährwerte p. P.

272 kcal
25 g Kohlenhydrate
13 g Fett
11 g Eiweiß

1 Legen Sie die gefrorenen Brötchen in den Korb der Heißluftfritteuse. Geben Sie die Eier hinzu, ohne diese vorher anzupiksen.

2 Stellen Sie das Gerät auf 170 °C ein und garen Sie die Eier darin für 6 Minu-ten.

3 Schrecken Sie die Eier unter kaltem Wasser ab und stellen Sie sie in einen Eierbecher. Servieren Sie die ofenwarmen Brötchen, mit der Butter bestrichen, und stippen Sie sie in die mit Salz bestreuten Eier.

Tipp: Je nach Vorliebe können Sie die Garzeit anpassen. Für ein weiches Ei reduzieren Sie die Garzeit auf 5 Minuten, für ein hart gekochtes Ei erhöhen Sie sie auf 7 Minuten.

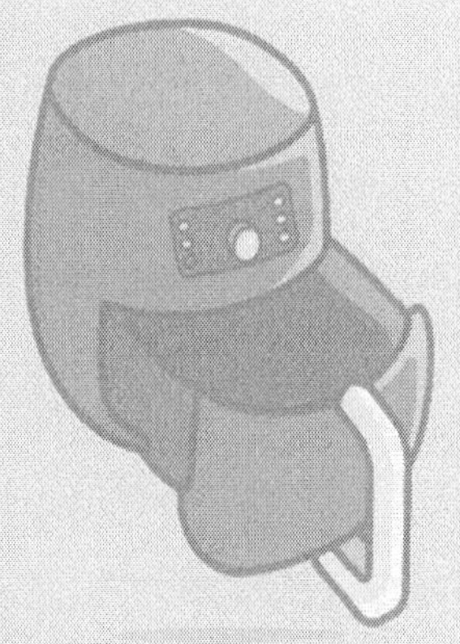

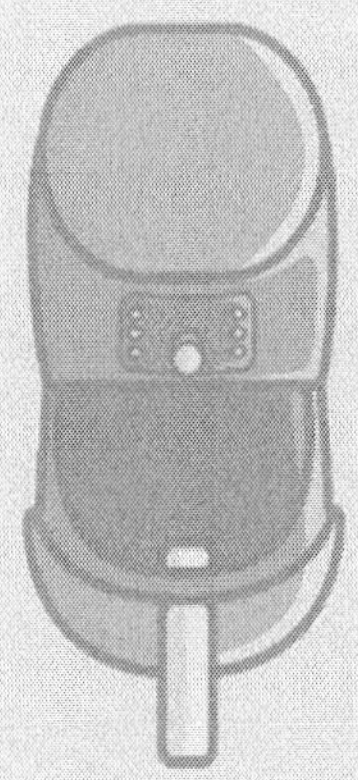

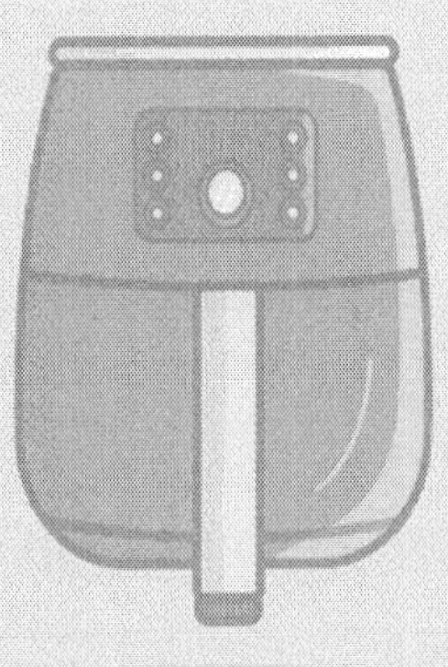

Brote

Die kleine Heißluftfritteuse wird, wie Sie in diesem Kapitel sehen werden, Ihr bester Verbündeter, um stromsparend und schnell zu backen. Nicht nur Kuchen, Kekse und Törtchen, sondern auch Brote gelingen wunderbar.

Den Teig vom Rezept für ein klassisches Weizenbrot können Sie auch ganz einfach teilen und daraus Brötchen formen. Außerdem erwartet Sie leckeres Vollkornbrot, das Sie sogar zu einem Früchtebrot erweitern können, und ein Rezept für Brotgewürz in den Tipps.

GRUNDREZEPT: WEIZENBROT

10 Port.

3 Std.

Schwer

Zutaten

500 g Weizenmehl
1 Pck. Trockenhefe
300 ml Wasser, lauwarm
2 EL Olivenöl
1 TL Zucker
1 TL Salz

Außerdem:
Backpapier

Nährwerte p. P. (10 Scheiben)

197 kcal
35 g Kohlenhydrate
4 g Fett
5 g Eiweiß

1 Geben Sie das Mehl mit dem Salz, dem Zucker und der Hefe in eine Schüssel. Mischen Sie alles gründlich und formen Sie dann in der Mitte eine Mulde. Geben Sie das Wasser und das Öl hinein.

1 Kneten Sie den Teig gründlich und lange, ca. 15 Minuten, bis der Teig ganz fein und elastisch geworden ist.

2 Formen Sie eine Kugel aus dem Teig. Decken Sie die Schüssel mit einem feuchten Küchentuch ab und lassen Sie den Teig darunter an einem warmen Ort eine Stunde gehen. Schneiden Sie in der Zwischenzeit ein Stück Backpapier aus, mit dem Sie den Korb der Heißluftfritteuse auslegen können.

3 Schlagen Sie mit der Hand kräftig in den Teig und kneten Sie ihn dann erneut gründlich durch. Formen Sie ein Brot und legen Sie es in den mit Backpapier ausgelegten Korb. Schneiden Sie die Oberseite des Teigs ein und lassen Sie den Teig nun mit einem Küchentuch bedeckt nochmals eine Stunde gehen. Backen Sie das Brot bei 180 °C für ca. 30 Minuten in der Heißluftfritteuse.

4 Das Brot ist durch, wenn es beim Klopfen auf die Oberseite hohl klingt. Nehmen Sie das Brot heraus und lassen Sie es auf einem Gitter komplett aus-kühlen.

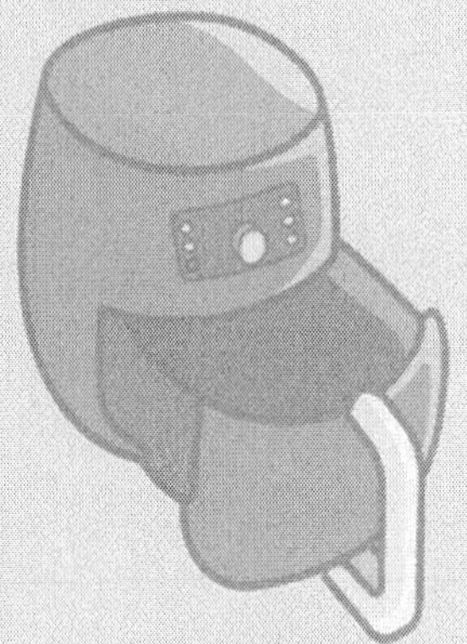

VOLLKORNBROT

10 Port.

3 Std.

Schwer

Zutaten

250 g Roggenvollkornmehl
250 g Dinkelvollkornmehl
1 Pck. Trockenhefe
300 ml Wasser, lauwarm
2 EL Olivenöl
1 TL Salz
2 EL Zuckerrübensirup
2 EL Sonnenblumenkerne
2 EL Haferflocken + 1 EL Haferflocken
1 EL Leinsamen

Außerdem:
Backpapier

Nährwerte p. P. (10 Scheiben)

239 kcal
33 g Kohlenhydrate
8 g Fett
7 g Eiweiß

1 Geben Sie das Mehl mit dem Salz und der Hefe in eine Schüssel. Mischen Sie alles gründlich und formen Sie dann in der Mitte eine Mulde. Geben Sie den Zuckerrübensirup, das Wasser und das Öl hinein. Kneten Sie den Teig gründlich und lange, ca. 15 Minuten, bis der Teig ganz fein und elastisch geworden ist.

2 Formen Sie eine Kugel aus dem Teig. Decken Sie die Schüssel mit einem feuchten Küchentuch ab und lassen Sie den Teig darunter an einem warmen Ort eine Stunde gehen. Schneiden Sie in der Zwischenzeit ein Stück Backpapier aus, mit dem Sie den Korb der Heißluftfritteuse auslegen können.

3 Schlagen Sie mit der Hand kräftig in den Teig und kneten Sie ihn dann erneut gründlich durch. Geben Sie währenddessen die Leinsamen, die Sonnenblumenkerne und 2 EL der Haferflocken dazu und mischen Sie sie unter. Formen Sie eine Kugel und wälzen Sie sie in den restlichen Haferflocken. Legen Sie das Brot in den mit Backpapier ausgelegten Korb. Schneiden Sie die Oberseite des Teigs ein und lassen Sie den Teig nun mit einem Küchentuch bedeckt nochmals eine Stunde gehen.

4 Backen Sie das Brot bei 180 °C für ca. 30 Minuten in der Heißluftfritteuse. Das Brot ist durch, wenn es beim Klopfen auf die Oberseite hohl klingt. Nehmen Sie das Brot heraus und lassen Sie es auf einem Gitter komplett auskühlen.

VOLLKORN-NUSSBROT

10 Port.

3 Std.

Schwer

Zutaten

300 g Dinkelvollkorn-mehl
200 g Weizenvollkorn-mehl
1 Pck. Trockenhefe
300 ml Wasser, lauwarm
2 EL Olivenöl
1 TL Zucker
1 TL Salz
1 TL Brotgewürz
2 EL Haselnüsse
2 EL Walnüsse
1 EL Rosinen

Außerdem:
Backpapier

Nährwerte p. P. (10 Scheiben)

239 kcal
33 g Kohlenhydrate
8 g Fett
7 g Eiweiß

1 Geben Sie das Mehl mit dem Salz, dem Zucker und der Hefe in eine Schüssel. Mischen Sie alles gründlich und formen Sie dann in der Mitte eine Mulde. Geben Sie das Wasser und das Öl hinein.

2 Kneten Sie den Teig gründlich und lange, ca. 15 Minuten, bis der Teig ganz fein und elastisch geworden ist.

3 Formen Sie eine Kugel aus dem Teig. Decken Sie die Schüssel mit einem feuchten Küchentuch ab und lassen Sie den Teig darunter an einem warmen Ort eine Stunde gehen. Schneiden Sie in der Zwischenzeit ein Stück Backpapier aus, mit dem Sie den Korb der Heißluftfritteuse auslegen können.

4 Hacken Sie die Walnüsse grob. Schlagen Sie mit der Hand kräftig in den Teig und kneten Sie ihn dann erneut gründlich durch. Kneten Sie die Rosinen, die gehackten Walnüsse und die ganzen Haselnüsse in den Teig. Formen Sie ein Brot und legen Sie es in den mit Backpapier ausgelegten Korb. Schneiden Sie die Oberseite des Teigs ein und lassen Sie den Teig nun mit einem Küchentuch bedeckt nochmals eine Stunde gehen.

5 Backen Sie das Brot bei 180 °C für ca. 30 Minuten in der Heißluftfritteuse.

6 Das Brot ist durch, wenn es beim Klopfen auf die Oberseite hohl klingt. Nehmen Sie das Brot heraus und lassen Sie es auf einem Gitter komplett auskühlen.

Tipp: Ein Rezept für das benötigte Brotgewürz finden Sie im Rezept „Sauerteigbrot" in diesem Kapitel.

SAUERTEIGBROT

12 Port.

60 Min. + 6 Std. Ruhezeit

Schwer

Zutaten

60 g Sauerteig
200 g Weizenvollkornmehl + mehr zum Bestäuben
600 g Roggenvollkornmehl
250 ml + 375 ml Wasser, lauwarm
1 TL Salz
1 TL Brotgewürz

Außerdem:
Backpapier

Nährwerte p. P. (12 Scheiben)

214 kcal
40 g Kohlenhydrate
1 g Fett
7 g Eiweiß

1 Lösen Sie den Sauerteig in 250 ml lauwarmem Wasser auf. Geben Sie 200 g vom Roggenmehl in die Flüssigkeit und lassen Sie diesen Vorteig an einem warmen Ort 1 Stunde gären.

2 Mischen Sie das restliche Roggenmehl mit dem Brotgewürz, dem Weizenvollkornmehl und dem Salz. Drücken Sie eine Mulde in das Mehl und geben Sie den Vorteig hinein. Beginnen Sie, den Teig mit den Händen zu kneten, und geben Sie währenddessen 375 ml lauwarmes Wasser in Schlucken hinzu. Kneten Sie den Teig gründlich für 15 Minuten, bis der Teig fein und elastisch ist und nicht mehr am Schüsselrand klebt.

3 Lassen Sie den Teig an einem warmen Ort 2 Stunden gehen. Schneiden Sie in der Zwischenzeit ein Stück Backpapier aus, mit dem Sie den Korb der Heißluftfritteuse auslegen können.

4 Schlagen Sie mit der Hand kräftig in den Teig und kneten Sie ihn dann erneut gründlich durch. Formen Sie ein Brot und legen Sie es in den mit Backpapier ausgelegten Korb. Schneiden Sie die Oberseite des Teigs ein und lassen Sie den Teig nun mit einem Küchentuch bedeckt nochmals 1 Stunde gehen, bis sich kleine Risse an der Oberfläche zeigen.

5 Backen Sie das Brot bei 200 °C für 10 Minuten in der Heißluftfritteuse. Schalten Sie die Hitze dann auf 180 °C und backen Sie das Brot für weitere 20 bis 25 Minuten.

6 Das Brot ist durch, wenn es beim Klopfen auf die Oberseite hohl klingt. Nehmen Sie das Brot heraus und lassen Sie es auf einem Gitter komplett auskühlen.

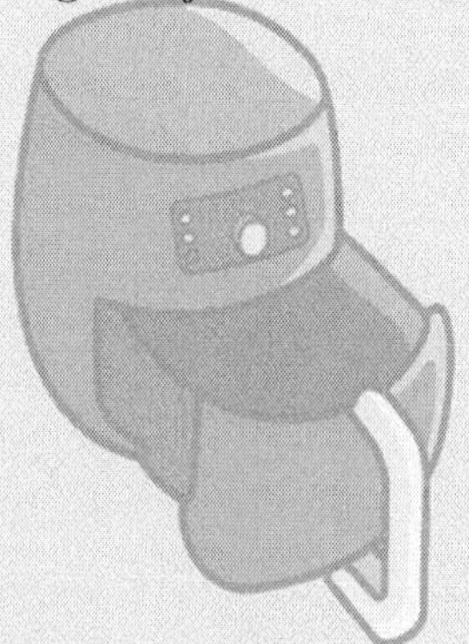

Tipp: Brotgewürz können Sie auch selbst herstellen. Mischen Sie dazu jeweils 1 EL gemahlenen Kümmel, gemahlenen Koriander, gemahlene Fenchelsamen und Anispulver sowie 1 TL gemahlenen Kardamom und verwenden Sie es, wie im Rezept beschrieben.

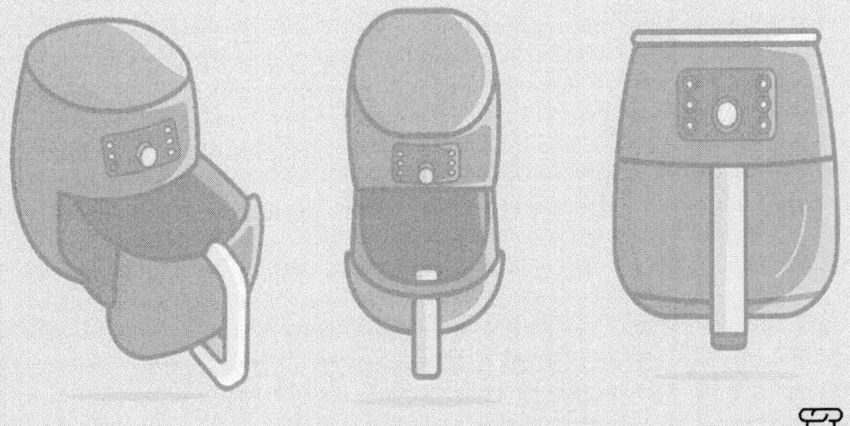

Salate

Salate mit einer Kombination aus rohen und gegarten Zutaten sind die absolut leckersten. Sie machen lange satt und liefern eine Auswahl an unterschiedlichen Nährstoffen. Knusprige Falafel und saftige Hähnchenstreifen oder würzige Lachswürfel auf frischem knackigem Salat sind unwiderstehlich.

Der mediterrane Kartoffelsalat mit Backkartoffeln aus der Heißluftfritteuse wird Sie ebenso begeistern wie der Rosenkohl-Salat mit knusprigen kleinen Röschen und Feta. Und für den größeren Hunger finden Sie in diesem Kapitel auch noch zwei Bowls mit Quinoa bzw. Reis als Basis und leckeren gebackenen Toppings.

LAUWARMER ROSENKOHL-SALAT

4 Port. 45 Min. Leicht

Zutaten

500 g Rosenkohl
1 Knolle Knoblauch
1 Karotte
2 EL Walnüsse
200 g Feta
2 EL Olivenöl
1 TL Apfelessig
1 TL Ahornsirup
Salz
Pfeffer

Außerdem:
Gemüsereibe, Schraubglas

Nährwerte p. P.

601 kcal
20 g Kohlenhydrate
41 g Fett
31 g Eiweiß

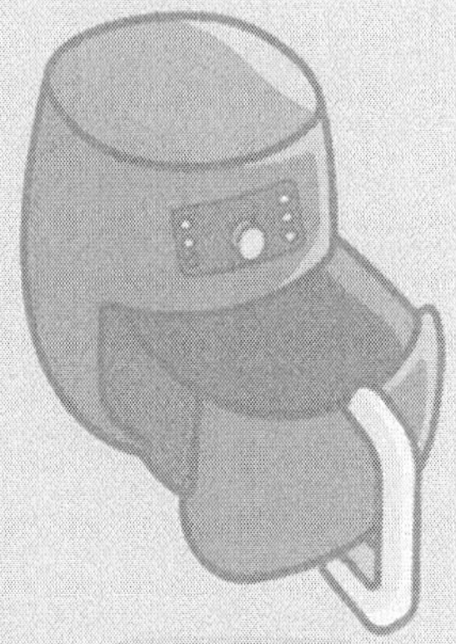

1 Putzen Sie den Rosenkohl, indem Sie die äußeren Blätter entfernen und die Strünke dünn abschneiden. Halbieren Sie große Köpfe, sodass alle Rosenkohlköpfe gleich groß sind. Geben Sie den Rosenkohl in eine Schüssel und träufeln Sie einen Esslöffel Öl hinzu. Streuen Sie Salz und Pfeffer hinzu und mischen Sie alles gründlich. Geben Sie den Rosenkohl in den Korb der Heißluftfritteuse.

2 Schälen Sie die lockere Schicht um die Knoblauchknolle herum ab. Schneiden Sie die obere Spitze der Knolle ab, sodass die Zehen leicht angeschnitten sind. Setzen Sie die Knoblauchknolle auf den Rosenkohl. Backen Sie alles bei 180 °C für ca. 15 Minuten, bis die Knoblauchzehen in der Knolle weich sind und der Rosenkohl knusprig ist. Schütteln Sie während der Zubereitung den Korb mehrmals, sodass der Rosenkohl gleichmäßig rundum gebräunt wird.

3 Bereiten Sie in der Zwischenzeit das Dressing vor, indem Sie das restliche Öl, den Ahornsirup und den Apfelessig in ein Schraubglas geben und mit Salz und Pfeffer nach Geschmack würzen. Hacken Sie die Walnüsse. Waschen Sie die Karotten und reiben Sie sie.

4 Holen Sie das Gemüse aus der Heißluftfritteuse und lassen Sie alles abkühlen, bis es anfassbar ist.

5 Drücken Sie die weichen Knoblauchzehen aus der Knolle zu dem Dressing und zerkleinern Sie sie mithilfe einer Gabel noch weiter. Verschließen Sie das Glas und schütteln Sie kräftig, sodass ein cremiges Dressing entsteht.

6 Mischen Sie den Rosenkohl, die geriebene Karotte und die Walnüsse. Gießen Sie das Dressing über den Salat und krümeln Sie den Fetakäse darüber. Servieren Sie den Salat noch lauwarm.

SALAT MIT FALAFELBÄLLCHEN

4 Port.

90 Min. + 12 Std. Einweichzeit

Mittel

Zutaten

Für die Falafel:
250 g Kichererbsen, getrocknet
1 Zwiebel, weiß
2 Knoblauchzehen
½ Bund Petersilie
1 TL Korianderpulver
1 TL Kreuzkümmelpulver
6 EL Olivenöl
Salz
Pfeffer

Für den Salat:
2 Salatherzen
½ Gurke
1 Zwiebel, rot
2 Tomaten
2 EL Oliven, schwarz
1 Orange
2 EL Olivenöl
Salz
Pfeffer

Außerdem:
leistungsstarker Mixer

Nährwerte p. P.

926 kcal
59 g Kohlenhydrate
66 g Fett
18 g Eiweiß

1 Geben Sie die Kichererbsen in eine Schüssel und bedecken Sie sie mit Wasser. Lassen Sie die Kichererbsen 12 Stunden einweichen.

2 Waschen Sie die Petersilie, tupfen Sie sie mit Küchenpapier trocken und hacken Sie sie fein. Schälen Sie die Zwiebel und den Knoblauch und schneiden Sie beides grob in Stücke.

3 Gießen Sie die Kichererbsen ab. Geben Sie die Kichererbsen mit dem Knoblauch und den Zwiebeln in einen Mixer. Fügen Sie den gemahlenen Koriander und Kreuzkümmel, das Olivenöl und einen Esslöffel der gehackten Petersilie hinzu und würzen Sie mit Salz und Pfeffer nach Geschmack. Pürieren Sie die Zutaten, bis eine feine Masse entsteht.

4 Lassen Sie die Masse abgedeckt 1 Stunde im Kühlschrank ziehen.

5 Formen Sie mithilfe eines Eis-Portionierers kleine Bällchen. Befeuchten Sie die Hände und den Eislöffel bei Bedarf mit Wasser, damit der Teig nicht daran klebt.

6 Geben Sie die Falafel in den Korb der Heißluftfritteuse und backen Sie sie bei 190 °C ca. 15 bis 20 Minuten, bis sie rundherum goldbraun sind. Wenden Sie sie während der Backzeit mehrmals für gleichmäßige Bräune.

7 Bereiten Sie in der Zwischenzeit den Salat und das Dressing zu. Waschen Sie dazu den Salat, die Gurke und die Tomaten. Schneiden Sie das Gemüse in mundgerechte Würfel. Schälen Sie die Zwiebel und schneiden Sie sie in Ringe. Geben Sie die Salatzutaten mit den schwarzen Oliven in eine Schüssel.

8 Waschen Sie die Schale der Orange heiß ab. Hobeln Sie eine kleine Menge der Schale ab und geben Sie sie in eine kleine Schüssel. Streuen Sie Salz und Pfeffer dazu und gießen Sie das Olivenöl hinein. Geben Sie die restliche gehackte Petersilie dazu. Mischen Sie das Dressing gründlich und gießen Sie es über den Salat.

9 Pellen Sie die Orange. Schneiden Sie die Filets mit einem scharfen Messer längs heraus, sodass diese ohne die Haut verwendet werden können. Geben Sie sie zum Salat und mischen Sie alles.

10 Servieren Sie den Salat mit den Falafelbällchen obendrauf.

Tipp: Wenn Ihnen die Zubereitung frischer Falafel zu aufwendig ist und es mal schnell gehen muss, können Sie auf eine vorgefertigte Mischung mit Kichererbsenmehl zurückgreifen.

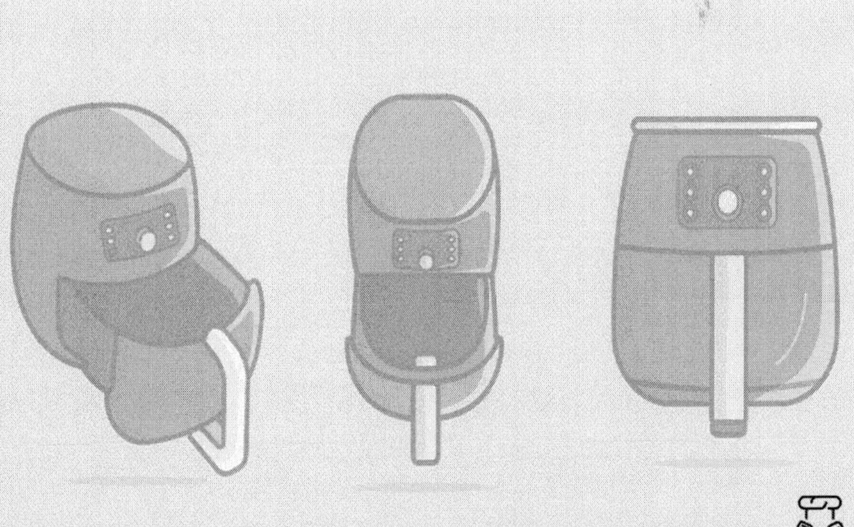

MEDITERRANER KARTOFFELSALAT

4 Port.

45 Min.

Mittel

Zutaten

1 kg Kartoffeln, sehr klein
1 TL Rosmarin, gerebelt
1 TL Paprikapulver
4 EL Olivenöl
1 EL Senf
1 EL Balsamico-Essig
2 EL Pinienkerne
2 EL Oliven, schwarz
2 EL Oliven, grün
2 Handvoll Rucola (ca. 100 g)
2 Tomaten
Salz
Pfeffer

Außerdem:
Schraubglas

Nährwerte p. P.

798 kcal
90 g Kohlenhydrate
37 g Fett
17 g Eiweiß

1 Waschen Sie die kleinen Kartoffeln und trocknen Sie sie gründlich ab. Mischen Sie die Kartoffeln mit 3 EL des Olivenöls, dem Paprikapulver, Rosmarin sowie Salz und Pfeffer.

2 Geben Sie die Kartoffeln in den Korb der Heißluftfritteuse und backen Sie sie bei 180 °C für ca. 20 Minuten. Wenden Sie sie während der Backzeit mehrmals, damit die Kartoffeln rundum gar und goldbraun werden.

3 Bereiten Sie in der Zwischenzeit das Dressing vor, indem Sie das restliche Olivenöl mit Salz, Pfeffer, Senf und Essig in ein Schraubglas geben. Schütteln Sie die Zutaten zu einer Vinaigrette.

4 Erhitzen Sie eine Pfanne ohne Fett. Geben Sie die Pinienkerne hinein und rösten Sie sie unter Rühren goldbraun an.

5 Waschen Sie den Rucola und tupfen Sie ihn mit Küchenpapier trocken. Waschen Sie die Tomaten, würfeln Sie sie und entfernen Sie den Strunk. Halbieren Sie die schwarzen und grünen Oliven. Mischen Sie alle Zutaten mit den leicht abgekühlten Rosmarinkartoffeln und gießen Sie das Dressing darüber.

Tipp: Dieser Salat ist eine tolle Ergänzung bei der nächsten Grillparty.

CHAMPIGNONSALAT

4 Port.

20 Min.

Leicht

Zutaten

750 g Champignons
200 g Rucola
150 g Tomaten, getrocknet
2 EL Pinienkerne
1 Zitrone (Bioqualität)
1 Knoblauchzehe
3 EL Olivenöl
Salz
Pfeffer

Außerdem:
Knoblauchpresse

Nährwerte p. P.

448 kcal
4 g Kohlenhydrate
38 g Fett
20 g Eiweiß

1 Putzen Sie die Champignons und halbieren oder vierteln Sie größere Exemplare, sodass alle Stücke gleich groß sind. Schälen Sie den Knoblauch und pressen Sie ihn in eine Schüssel.

2 Geben Sie 3 EL Olivenöl sowie Salz, Pfeffer in die Schüssel und mischen Sie die Zutaten gründlich. Geben Sie die Pilze in die Schüssel und rühren Sie, bis alle Champignons vom Dressing bedeckt sind.

3 Geben Sie die Pilze in den Korb der Heißluftfritteuse und backen Sie sie bei 180 °C für ca. 15 Minuten. Schütteln Sie den Korb währenddessen mehrmals, damit alle Champignons gleichmäßig gegart werden.

4 Brausen Sie den Rucola kühl ab und tupfen Sie ihn mit Küchenpapier trocken. Halbieren Sie die Zitrone.

5 Erhitzen Sie eine Pfanne ohne Fett. Geben Sie die Pinienkerne hinein und rösten Sie sie unter Rühren goldbraun an.

6 Hacken Sie die getrockneten Tomaten grob. Mischen Sie die Tomaten mit den Pinienkernen und dem Rucola. Träufeln Sie währenddessen etwas Zitronensaft direkt aus der halbierten Frucht auf den Salat und richten Sie ihn auf Tellern an.

7 Servieren Sie die Champignons mit mehr Zitronensaft beträufelt auf dem Salat.

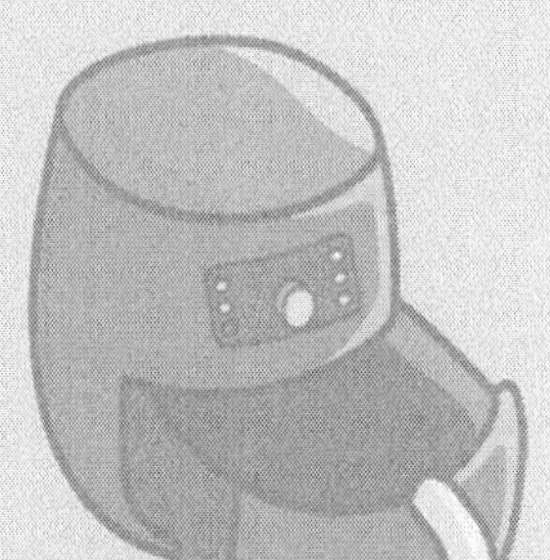

Tipp: Die gebackenen Champignons schmecken auch toll ohne Salat mit einem Dip aus Joghurt.

SPINATSALAT MIT LACHSWÜRFELN UND EDAMAME

4 Port.

1 Std.

Mittel

Zutaten

200 g Edamame, tiefgekühlt.
4 Handvoll Babyspinat (ca. 200 g)
1 Zitrone
4 Lachsfilets, ohne Haut und Gräten
4 TL Olivenöl
1 EL Sojasoße
1 EL Ahornsirup
1 TL Apfelessig
1 TL Fenchelsamen
1 TL Salz, grob

Außerdem:
Dose mit Deckel

Nährwerte p. P.

690 kcal
14 g Kohlenhydrate
50 g Fett
43 g Eiweiß

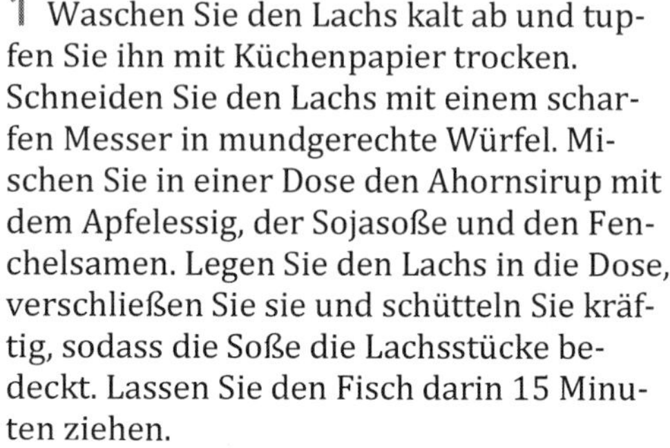

1 Waschen Sie den Lachs kalt ab und tupfen Sie ihn mit Küchenpapier trocken. Schneiden Sie den Lachs mit einem scharfen Messer in mundgerechte Würfel. Mischen Sie in einer Dose den Ahornsirup mit dem Apfelessig, der Sojasoße und den Fenchelsamen. Legen Sie den Lachs in die Dose, verschließen Sie sie und schütteln Sie kräftig, sodass die Soße die Lachsstücke bedeckt. Lassen Sie den Fisch darin 15 Minuten ziehen.

2 Geben Sie die Edamame tiefgefroren in den Korb der Heißluftfritteuse. Streuen Sie etwas grobes Salz hinzu und backen Sie sie bei 190 °C ca. 10 Minuten. Schütteln Sie den Korb der Heißluftfritteuse dabei mehrmals, damit die kleinen Sojabohnen rundum goldbraun garen.

3 Brausen Sie in der Zwischenzeit den Babyspinat ab und tupfen Sie ihn mit Küchenpapier trocken. Richten Sie den Spinat auf Tellern an und träufeln Sie je einen Teelöffel Olivenöl darüber.

4 Nehmen Sie die Edamame aus der Heißluftfritteuse. Geben Sie den Lachs hinein und backen Sie ihn bei 180 °C für ca. 12 Minuten. Wenden Sie die Würfel während der Backzeit. Vierteln Sie in der Zwischenzeit die Zitrone.

5 Geben Sie den Lachs und die gebackenen Edamame auf den Spinat und servieren Sie mit der angeschnittenen Zitrone.

Tipp: Servieren Sie den Salat direkt mit selbst gebackenem Pan de Barra. Übrigens enthält der Salat keinen Manchego-Käse. Der Salat stammt aus La Mancha und ist deswegen so benannt, genau wie der Käse.

OFENGEMÜSE MIT RUCOLA UND MANGODRESSING

4 Port.

25 Min.

Leicht

Zutaten

½ Blumenkohl
1 Karotte, groß
1 Pastinake
1 Mango, reif
4 Handvoll Rucola
2 EL Olivenöl
1 EL Pflanzenöl, neutral
1 EL Apfelessig
Salz
Pfeffer
1 Prise Kurkuma
1 Prise Chili, gemahlen
4 TL Kürbiskerne

Außerdem:
Mixer

Nährwerte p. P.

407 kcal
39 g Kohlenhydrate
18 g Fett
16 g Eiweiß

1 Putzen Sie den Blumenkohl und schneiden Sie ihn in Würfel. Schälen Sie die Pastinake und würfeln Sie sie ebenfalls. Putzen Sie die Karotte und schneiden Sie sie in Scheiben. Mischen Sie das Gemüse mit dem Olivenöl und Salz und Pfeffer nach Geschmack. Geben Sie alles in den Korb der Heißluftfritteuse und backen Sie es darin bei 180 °C für ca. 20 Minuten. Rühren Sie das Gemüse währenddessen um, sodass alles gleichmäßig goldbraun wird.

2 Waschen Sie den Rucola, tupfen Sie ihn mit Küchenpapier trocken und richten Sie ihn auf 4 Tellern an.

3 Schälen Sie die reife Mango und entfernen Sie den Kern. Geben Sie das Fruchtfleisch der Mango mit dem Kurkumapulver in den Mixer und pürieren Sie es. Gießen Sie währenddessen das Pflanzenöl und den Apfelessig dazu und schmecken Sie mit Salz, Pfeffer und Chili ab.

4 Verteilen Sie das warme Ofengemüse gleichmäßig auf dem Rucola und löffeln Sie die Mangosauce darüber. Servieren Sie den Salat, mit den Kürbiskernen bestreut.

Tipp: Sie können natürlich auch andere Gemüsesorten nutzen. Auch Brokkoli, Kartoffeln und Süßkartoffeln schmecken darin toll.

SÜẞKARTOFFEL-SALAT-BOWL

4 Port. 35 Min. Leicht

Zutaten

1 Süßkartoffel, groß
1 Avocado
2 Handvoll Postelein
250 g Quinoa, rot
3 EL Olivenöl
1 Zitrone (Bioqualität)
1 EL Chiasamen
1 EL Ahornsirup
Salz
Pfeffer
1 TL Dill

Außerdem:
Mixer, Schraubglas

Nährwerte p. P.

1.071 kcal
125 g Kohlenhydrate
49 g Fett
22 g Eiweiß

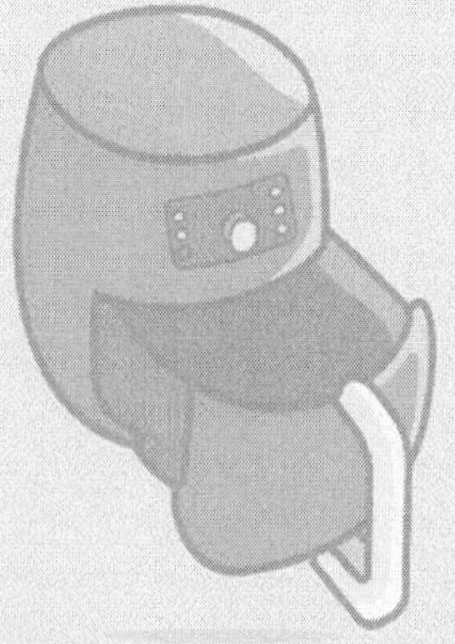

1 Schälen Sie die Süßkartoffel und würfeln Sie sie. Mischen Sie das Gemüse mit 2 EL Olivenöl und Salz und Pfeffer nach Geschmack. Geben Sie es in den Korb der Heißluftfritteuse und backen Sie es darin bei 180 °C für ca. 20 Minuten. Rühren Sie das Gemüse währenddessen um, sodass alles gleichmäßig goldbraun wird.

2 Kochen Sie währenddessen die Quinoa nach Packungsanweisung gar. Waschen Sie den Postelein, tupfen Sie ihn mit Küchenpapier trocken und stellen Sie ihn zur Seite.

3 Waschen Sie die Schale einer Zitrone heiß ab. Hobeln Sie etwas von der Schale ab und geben Sie sie in den Mixer. Schälen Sie den Knoblauch und geben Sie ihn dazu. Entkernen Sie die Avocado und löffeln Sie das Fruchtfleisch ebenfalls in den Mixer. Pressen Sie eine Hälfte der Zitrone direkt in den Mixer und streuen Sie Salz und Pfeffer hinzu. Pürieren Sie alle Zutaten zu einer Creme.

4 Pressen Sie die andere Hälfte der Zitrone in ein Schraubglas. Geben Sie das verbliebene Olivenöl, den Ahornsirup, die Chiasamen, Salz, Pfeffer und den Dill hinzu und schütteln Sie kräftig.

5 Verteilen Sie die Quinoa in tiefen Schüsseln. Richten Sie den Salat und die Avocadocreme darauf an. Verteilen Sie das Dressing gleichmäßig darüber. Nehmen Sie die Süßkartoffelspalten aus der Heißluftfritteuse und servieren Sie sie auf der Bowl.

AUBERGINEN-SALAT-BOWL

4 Port.

30 Min.

Mittel

Zutaten

1 Aubergine, groß
200 g Reis, rot
200 g Feta
2 Handvoll Feldsalat
350 g Cherrytomaten
150 g Joghurt
½ Bund Petersilie
1 EL Olivenöl
½ Gurke
4 TL Granatapfelkerne
1 bis 2 EL Maisstärke
1 TL Knoblauchpulver
1 TL Paprikapulver, süß
1 TL Honig
Salz
Pfeffer

Nährwerte p. P.

861 kcal
99 g Kohlenhydrate
31 g Fett
41 g Eiweiß

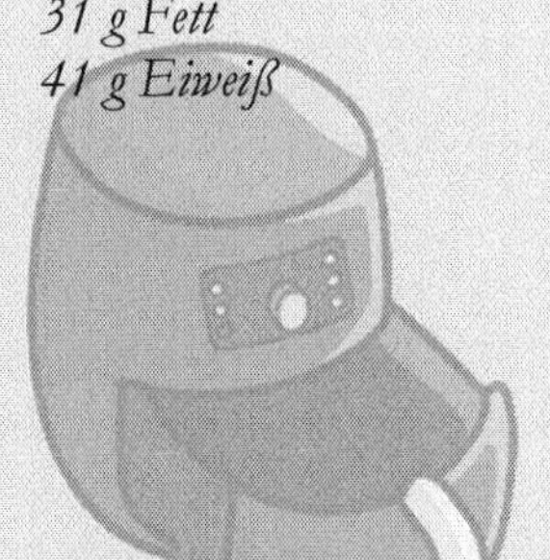

1 Waschen Sie den Feldsalat und die Petersilie und tupfen Sie beides mit Küchenpapier trocken. Stellen Sie den Feldsalat zur Seite. Waschen Sie die Tomaten, die Gurke und die Aubergine. Schneiden Sie den Strunk der Aubergine ab und schneiden Sie das Fruchtfleisch in Streifen.

2 Kochen Sie den Reis nach Packungsanweisung. Halbieren Sie die Tomaten. Schneiden Sie die Gurke mithilfe einer Mandoline in feine Scheiben. Rollen Sie jede Scheibe vorsichtig auf und stellen Sie sie mit den Tomaten zur Seite.

3 Vermengen Sie die Maisstärke mit Salz, Pfeffer, Paprika- und Knoblauchpulver. Geben Sie die Auberginenstreifen in die Gewürzmischung und rühren Sie um, bis das Gemüse gleichmäßig überzogen ist. Legen Sie die Auberginen nun in den Korb der Heißluftfritteuse und backen Sie sie ca. 10 Minuten bei 200 °C. Wenden Sie die Streifen nach 5 Minuten und backen Sie sie weiter, bis das Gemüse weich ist.

4 Hacken Sie in der Zwischenzeit die Petersilie. Mischen Sie den Joghurt mit der Petersilie und schmecken Sie mit Salz, Pfeffer und dem Honig ab.

5 Mischen Sie den fertig gekochten Reis mit dem Olivenöl. Verteilen Sie den Reis in tiefen Schüsseln. Richten Sie die Tomaten, den Feldsalat und die Gurkenrollen darauf an. Legen Sie die gebackenen Auberginen dazu. Geben Sie den Joghurtdip dazu und servieren Sie die Bowl mit den Granatapfelkernen und zerkrümeltem Feta bestreut.

Tipp: Wenn Feldsalat in der warmen Jahreszeit keine Saison hat, können Sie ihn auch problemlos mit Babyspinat oder Salatkräutern ersetzen.

GRUNDREZEPT: PANIERTE HÄHNCHENSTREIFEN AUF SALAT

4 Port.

30 Min.

Mittel

Zutaten

Für die panierten Hähnchenstreifen:
4 Hähnchenbrüste
2 Eier
Ca. 150 g Paniermehl
Ca. 100 g Mehl
1 TL Paprikapulver, geräuchert
1 TL Thymian, gerebelt
1 TL Oregano, gerebelt
½ TL Knoblauchpulver
Salz
Pfeffer

Für den Salat:
2 Salatherzen
350 g Cherrytomaten
1 Avocado
½ Bund Petersilie
1 EL Honig
2 EL Senf
4 EL Olivenöl
4 EL Balsamico-Essig
Salz
Pfeffer

Außerdem:
Schraubglas

Nährwerte p. P.

817 kcal
55 g Kohlenhydrate
37 g Fett
61 g Eiweiß

1 Brausen Sie das Hähnchenfleisch ab und tupfen Sie es gründlich mit Küchenpapier trocken. Schneiden Sie das Fleisch in lange Streifen von ca. 2 cm Dicke. Stellen Sie drei tiefe Teller bereit. Geben Sie jeweils das Mehl und das Paniermehl in einen separaten Teller. Geben Sie den Oregano und Thymian zum Paniermehl und mischen Sie die Kräuter unter. Schlagen Sie die Eier in den dritten Teller und verquirlen Sie sie mit dem Salz, Pfeffer und den restlichen Gewürzen.

2 Wenden Sie jeden Hähnchenstreifen zuerst im Mehl, dann im Ei und dann im Paniermehl. Legen Sie die Streifen so in den Korb der Heißluftfritteuse, dass sie sich nicht berühren. Backen Sie die Hähnchenstreifen bei 200 °C für 10 Minuten. Wenden Sie die Streifen und backen Sie sie erneut ca. 5 Minuten, bis sie goldbraun sind.

3 Waschen Sie währenddessen den Salat und die Petersilie und tupfen Sie beides mit Küchenpapier trocken. Brausen Sie die Tomaten ab und halbieren Sie sie. Entkernen Sie die Avocado und entfernen Sie die Schale. Würfeln Sie das Fruchtfleisch der Avocado. Schneiden Sie die Salatherzen in Scheiben. Hacken Sie die Petersilie.

4 Geben Sie den Honig, den Senf und Essig sowie das Öl in ein Schraubglas. Streuen Sie nach Geschmack Salz und Pfeffer hinzu und verschließen Sie das Glas. Schütteln Sie die Zutaten kräftig, bis eine Vinaigrette entsteht.

5 Geben Sie den Salat auf Teller und löffeln Sie die Vinaigrette darüber. Servieren Sie die warmen Hähnchenstreifen obenauf.

Tipp: Ist Ihre Heißluftfritteuse zu klein, um alle Hähnchenstreifen auf einmal zu backen, bereiten Sie diese besser in mehreren Durchgängen zu. Sie können die ersten fertigen Durchgänge bei 60 °C im Backofen aufbewahren, um diese warmzuhalten, bis alles fertig ist.

Suppen und Eintöpfe

Auch wenn die Heißluftfritteuse eher ein kleiner Ofen ist, können Sie ganz wunderbar Komponenten für Suppen anrösten und diese dann pürieren. Sie finden in diesem Kapitel Rezepte für cremige Suppen, wie die geröstete Tomatensuppe, und ein Grundrezept, das Sie nach Lust und Saison erweitern können. Im Herbst kommt gebackener Kürbis dazu, im Sommer gesunder Blumenkohl. Das Schöne: Auch Strünke und Blätter, Gemüsereste vom Vortag und die einsame Kartoffel im Schrank können Sie so verarbeiten. Durch die Heißluftfritteuse bekommt das Gemüse eine würzige Röstnote und macht die Suppen so zu etwas Besonderem.

Auch gehaltvolle Klassiker, die überbacken werden, sind perfekt für die Heißluftfritteuse. Die Kartoffelsuppe sowie französische Zwiebelsuppe mit Baguette und einer feinen Käseschicht sind ideal, um sie – am besten schon portioniert in kleinen Schälchen – vor dem Servieren nochmals zu überbacken.

GRUNDREZEPT: CREMIGE GEMÜSESUPPE

 4 Port.

 35 Min.

 Leicht

Zutaten

500 g Kartoffeln
4 Karotten
1 Süßkartoffel
1 Zwiebel, groß
1 Knoblauchzehe
1 EL Olivenöl
550 ml Wasser
1 TL Gemüsebrühe, gekörnt
1 TL gemischte Kräuter, getrocknet
2 - 3 Zweige Petersilie
Salz
Pfeffer

Außerdem:
Mixer

Nährwerte p. P.

455 kcal
78 g Kohlenhydrate
9 g Fett
9 g Eiweiß

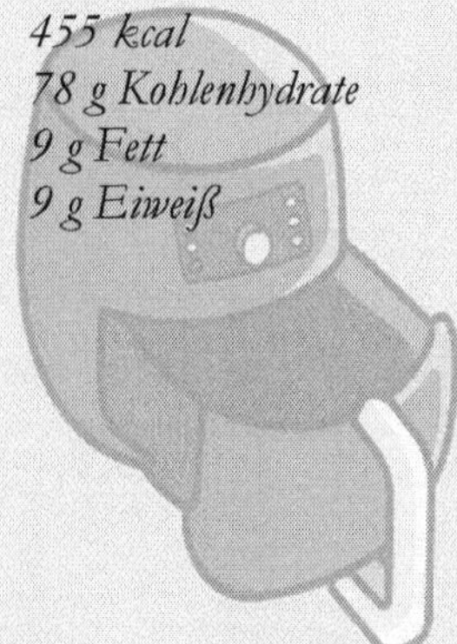

1 Schälen Sie den Knoblauch und die Zwiebel und schneiden Sie die Zwiebel in grobe Würfel. Schneiden Schälen Sie die Kartoffeln und die Karotten. Schneiden Sie beide Sorten ebenfalls in große Würfel.

2 Geben Sie das vorbereitete Gemüse in eine Schüssel und mischen Sie es mit dem Öl und etwas Salz. Geben Sie das Gemüse in den Korb der Heißluftfritteuse und stellen Sie sie auf 180 °C ein. Rösten Sie das Gemüse für 15 bis 20 Minuten und schütteln Sie den Korb während der Backzeit mehrmals, damit die Zutaten gleichmäßig goldbraun gebacken werden.

3 Waschen Sie in der Zwischenzeit die Petersilie und zupfen Sie sie grob klein. Erhitzen Sie das Wasser und lösen Sie die gekörnte Brühe darin auf.

4 Geben Sie das Gemüse in den Mixer. Geben Sie die Kräuter hinzu und gießen Sie einen Teil der Brühe hinzu. Mixen Sie, bis das Gemüse fein püriert ist. Gießen Sie die restliche Brühe währenddessen nach und nach in den Mixer, bis eine feine Suppe entstanden ist. Geben Sie bei Bedarf mehr Flüssigkeit hinzu. Schmecken Sie die Suppe zum Schluss mit Salz, Pfeffer und Zucker ab.

KÜRBISCREMESUPPE MIT GERÖSTETEN KÜRBISKERNEN

4 Port. 40 Min. Mittel

Zutaten

1 Hokkaidokürbis
1 Zwiebel, groß
1 Knoblauchzehe
1 EL Olivenöl
550 ml Wasser
50 ml Sahne
1 TL Gemüsebrühe, gekörnt
50 g Kürbiskerne
½ Bund Schnittlauch
Salz
Pfeffer

Außerdem:
Mixer

Nährwerte p. P.

422 kcal
71 g Kohlenhydrate
10 g Fett
9 g Eiweiß

1 Geben Sie die Kürbiskerne in die Heißluftfritteuse und backen Sie sie bei 180 °C für 5 bis 10 Minuten, sodass die Kerne goldbraun sind.

2 Waschen Sie währenddessen den Kürbis und entfernen Sie den Strunk. Schneiden Sie das Fruchtfleisch klein und löffeln Sie währenddessen das Innere des Kürbisses heraus. Stellen Sie die Kürbiskerne zur Seite.

3 Schälen Sie den Knoblauch und die Zwiebel und schneiden Sie die Zwiebel in grobe Würfel. Geben Sie den klein geschnittenen Kürbis mit den Zwiebeln und der Knoblauchzehe in eine Schüssel und mischen Sie alles mit dem Öl und etwas Salz. Geben Sie das Gemüse in den Korb der Heißluftfritteuse und stellen Sie sie auf 180 °C ein. Rösten Sie das Gemüse für 15 bis 20 Minuten und schütteln Sie den Korb während der Backzeit mehrmals, damit die Zutaten gleichmäßig weich gebacken werden.

4 Waschen Sie in der Zwischenzeit den Schnittlauch und schneiden Sie ihn in feine Röllchen. Stellen Sie den Schnittlauch zur Seite. Erhitzen Sie das Wasser und lösen Sie die gekörnte Brühe darin auf.

5 Nehmen Sie das Gemüse aus der Heißluftfritteuse und geben Sie es in den Mixer. Gießen Sie einen Teil der Brühe zum Gemüse in den Mixer. Mixen Sie, bis das Gemüse fein püriert ist. Gießen Sie die Sahne und die restliche Brühe währenddessen nach und nach in den Mixer, bis eine feine Suppe entstanden ist. Schmecken Sie die Suppe zum Schluss mit Salz und Pfeffer ab.

6 Servieren Sie die Suppe mit dem Schnittlauch und den gerösteten Kürbiskernen bestreut.

BLUMENKOHLCREMESUPPE MIT KNOBLAUCH-CROÛTONS

4 Port.

45 Min.

Mittel

Zutaten

1 Blumenkohl
1 Zwiebel, groß
1 Knoblauchzehe
1 EL Olivenöl
250 ml Wasser
1 TL Gemüsebrühe, gekörnt
½ Bund Schnittlauch
50 ml Sahne
Salz
Pfeffer

Für die Croûtons:
½ Baguette
2 Knoblauchzehen
4 EL Olivenöl

Außerdem:
Mixer, Knoblauchpresse

Nährwerte p. P.

564 kcal
79 g Kohlenhydrate
17 g Fett
17 g Eiweiß

1 Schälen Sie den Knoblauch, die Zwiebel und schneiden Sie die Zwiebel in grobe Würfel. Waschen Sie den Blumenkohl und entfernen Sie die Blätter. Schneiden Sie den Kopf in grobe Stücke.

2 Geben Sie den klein geschnittenen Blumenkohl mit den Zwiebeln und der Knoblauchzehe in eine Schüssel und mischen Sie alles mit dem Öl und etwas Salz. Geben Sie das Gemüse in den Korb der Heißluftfritteuse und stellen Sie sie auf 180 °C ein. Rösten Sie das Gemüse für 15 bis 20 Minuten und schütteln Sie den Korb während der Backzeit mehrmals, damit die Zutaten gleichmäßig weich gebacken werden.

3 Waschen Sie in der Zwischenzeit den Schnittlauch und schneiden Sie ihn in feine Röllchen. Stellen Sie den Schnittlauch zur Seite. Erhitzen Sie das Wasser und lösen Sie die gekörnte Brühe darin auf.

4 Schälen und pressen Sie die restlichen Knoblauchzehen. Schneiden Sie das Baguette in Würfel. Mischen Sie den Knoblauch mit dem Olivenöl und träufeln Sie die Mischung über die Brotwürfel.

5 Nehmen Sie das Gemüse aus der Heißluftfritteuse und geben Sie es in den Mixer. Geben Sie die Brotwürfel in den Korb der Heißluftfritteuse und backen Sie sie bei 180 °C für 10 Minuten. Schütteln Sie das Brot mehrmals während des Backvorgangs, damit es rundherum goldbraun wird.

6 Gießen Sie einen Teil der Brühe zum Gemüse in den Mixer, während die Croûtons backen. Mixen Sie, bis das Gemüse fein püriert ist. Gießen Sie die Sahne und die restliche Brühe währenddessen nach und nach in den Mixer, bis eine feine Suppe entstanden ist. Schmecken Sie die Suppe zum Schluss mit Salz und Pfeffer ab.

7 Servieren Sie die Suppe mit dem Schnittlauch und den Croûtons bestreut.

Tipp: Verwenden Sie den Strunk des Blumenkohls mit. Dieses Rezept eignet sich auch sehr gut zur Resteverwertung für Strünke von Blumenkohl und Brokkoli, wenn Sie für ein anderes Rezept ausschließlich die Röschen benötigen.

RÖSTTOMATEN-SUPPE

4 Port.

35 Min

Leicht

Zutaten

500 g Tomaten
4 Karotten
2 Paprika
1 Zwiebel, groß
1 Knoblauchzehe
1 EL Olivenöl
250 ml Wasser
1 TL Gemüsebrühe, gekörnt
1 Prise Zucker
½ TL Oregano, gerebelt
½ TL Thymian, gerebelt
¼ TL Paprikapulver, geräuchert
2 - 3 Zweige Basilikum
Salz
Pfeffer

Außerdem:
Mixer

Nährwerte p. P.

333 kcal
44 g Kohlenhydrate
10 g Fett
8 g Eiweiß

1 Schälen Sie den Knoblauch und die Zwiebel und schneiden Sie die Zwiebel in grobe Würfel. Waschen Sie die Tomaten, die Paprika und die Karotten. Entfernen Sie die Strünke vom Gemüse. Schneiden Sie die Karotte in Scheiben und würfeln Sie die Paprika.

2 Geben Sie das vorbereitete Gemüse in eine Schüssel und mischen Sie es mit dem Öl und etwas Salz. Geben Sie das Gemüse in den Korb der Heißluftfritteuse und stellen Sie sie auf 200 °C ein. Rösten Sie das Gemüse für ca. 20 Minuten und schütteln Sie den Korb während der Backzeit mehrmals, damit die Zutaten gleichmäßig goldbraun gebacken werden.

3 Waschen Sie in der Zwischenzeit das Basilikum und zupfen Sie es klein. Erhitzen Sie das Wasser und lösen Sie die gekörnte Brühe darin auf.

4 Geben Sie das Gemüse in den Mixer. Geben Sie die Kräuter und das Paprikapulver dazu und gießen Sie einen Teil der Brühe hinzu. Mixen Sie, bis das Gemüse fein püriert ist. Gießen Sie die restliche Brühe nach und nach in den Mixer, bis eine feine Suppe entstanden ist. Geben Sie bei Bedarf mehr Wasser hinzu. Schmecken Sie die Suppe mit Salz, Pfeffer und Zucker ab.

Tipp: Diese Suppe können Sie direkt heiß servieren oder im Sommer abkühlen lassen und als kaltes Mittagessen genießen.

ZUCCHINI-BROKKOLI-SUPPE MIT LIMETTE

 4 Port.  45 Min.  Leicht

Zutaten

1 Brokkoli, klein
1 Zucchini, grün
1 Zucchini, gelb
1 Limette (Bioqualität)
1 Zwiebel, groß
1 Knoblauchzehe
1 EL Olivenöl
250 ml Wasser
1 TL Gemüsebrühe, gekörnt
50 ml Sahne
50 g Pinienkerne
Salz
Pfeffer

Außerdem:
Mixer, feine Reibe

Nährwerte p. P.

192 kcal
7 g Kohlenhydrate
13 g Fett
9 g Eiweiß

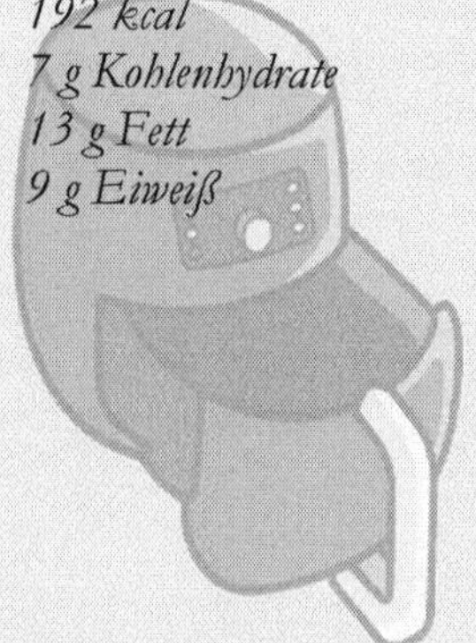

1 Geben Sie die Pinienkerne in die Heißluftfritteuse und backen Sie sie bei 180 °C für 5 bis 10 Minuten, sodass die Kerne goldbraun sind.

2 Schälen Sie den Knoblauch, die Zwiebel und schneiden Sie die Zwiebel in grobe Würfel. Waschen Sie den Brokkoli und die beiden Zucchini. Schneiden Sie die Brokkoliröschen ab. Schälen Sie den Strunk. Schneiden Sie den Strunk und die Zucchini in Scheiben

3 Geben Sie das klein geschnittene Gemüse mit den Zwiebeln und der Knoblauchzehe in eine Schüssel und mischen Sie alles mit dem Öl und etwas Salz. Geben Sie das Gemüse in den Korb der Heißluftfritteuse und stellen Sie sie auf 180 °C ein. Rösten Sie das Gemüse für ca. 15 Minuten und schütteln Sie den Korb während der Backzeit mehrmals, damit die Zutaten gleichmäßig weich gebacken werden.

4 Erhitzen Sie in der Zwischenzeit das Wasser und lösen Sie die gekörnte Brühe darin auf. Waschen Sie die Limette heiß ab. Reiben Sie einen Teelöffel der Schale ab und halbieren Sie die Frucht.

5 Geben Sie das Gemüse mit der Limettenschale in den Mixer und gießen Sie einen Teil der Brühe zum Gemüse in den Mixer. Mixen Sie, bis das Gemüse fein püriert ist. Gießen Sie die Sahne und die restliche Brühe währenddessen nach und nach in den Mixer, bis eine feine Suppe entstanden ist. Schmecken Sie die Suppe zum Schluss mit Salz und Pfeffer ab und pressen Sie nach Geschmack Limettensaft direkt aus der Schale gepresst hinzu.

6 Servieren Sie die Suppe mit den Pinienkernen bestreut.

KARTOFFELSUPPE MIT SPECK UND KÄSE

 4 Port.
 60 Min.
 Mittel

Zutaten

2 sehr große Kartoffeln, vorwiegend festkochend
2 Knoblauchzehen
½ EL Olivenöl
1 EL Butter
1 EL Mehl
4 Frühlingszwiebeln
600 ml Milch
120 g Käse (z. B. würziger Cheddar oder Emmentaler)
4 Scheiben Frühstücksspeck
Salz
Pfeffer

Außerdem:
Käsereibe

Nährwerte p. P.

999 kcal
106 g Kohlenhydrate
39 g Fett
48 g Eiweiß

1 Schälen Sie den Knoblauch. Waschen Sie die Kartoffeln und bürsten Sie sie dabei gründlich ab. Trocknen Sie die Kartoffeln, stechen Sie sie rundum mit einer Gabel mehrmals ein und reiben Sie sie dann mit dem Öl ein. Bestreuen Sie die Kartoffeln rundum mit Salz und legen Sie sie mit den Knoblauchzehen in den Korb der Heißluftfritteuse. Backen Sie die Kartoffeln für 35 bis 45 Minuten bei 180 °C, bis sie weich sind.

2 Lassen Sie die Kartoffeln und den Knoblauch abkühlen. Waschen Sie währenddessen die Frühlingszwiebeln und schneiden Sie sie in feine Ringe. Legen Sie den Speck in den Korb der Heißluftfritteuse und backen Sie ihn darin bei 180 °C für 5 bis 10 Minuten, bis er knusprig ist. Lassen Sie ihn auf Küchenpapier abkühlen.

3 Halbieren Sie die Kartoffeln. Kratzen Sie die Hälften mit einem Löffel aus und schneiden bzw. drücken Sie das Innere noch etwas kleiner.

4 Stellen Sie 2 EL der geschnittenen Frühlingszwiebeln zur Seite. Geben Sie den Rest mit der Butter und den Knoblauchzehen in einen Topf. Erhitzen Sie die Butter auf mittlerer Hitze und braten Sie die Zwiebelringe darin leicht an. Streuen Sie dann das Mehl hinzu und vermengen Sie es gut mit dem Fett. Gießen Sie unter Rühren die Milch dazu und lassen Sie die Flüssigkeit sanft köcheln, bis sie eindickt.

5 Reiben Sie den Käse und stellen Sie 2 EL zur Seite. Rühren Sie den übrigen geriebenen Käse in die Suppe und fügen Sie die Kartoffelmasse hinzu.

6 Schmecken Sie die Suppe mit Salz und Pfeffer ab und servieren Sie sie mit dem restlichen Käse und den restlichen Frühlingszwiebeln bestreut. Krümeln Sie etwas von dem knusprigen Speck über jede Portion.

FRANZÖSISCHE ZWIEBELSUPPE MIT KÄSE ÜBERBACKEN

4 Port.

60 Min.

Schwer

Zutaten

1 kg Zwiebeln, gelb
1 Knoblauchzehe
1 EL Butter
250 g Käse (z. B. Emmentaler oder Gruyère)
2 EL Mehl
1 Baguette
1 Liter Rinderbrühe
120 ml Weißwein
1 TL Salz
1 TL Puderzucker
1 Lorbeerblatt
1 Nelke
2 Zweige Thymian
Pfeffer

Außerdem:
4 ofenfeste Suppentassen, Käsereibe

Nährwerte p. P.

979 kcal
114 g Kohlenhydrate
28 g Fett
49 g Eiweiß

1 Schälen Sie den Knoblauch und die Zwiebeln. Hacken Sie den Knoblauch fein und schneiden Sie die Zwiebeln in feine Ringe. Reiben Sie den Käse.

2 Geben Sie die Butter in einen großen Topf. Geben Sie das Lorbeerblatt, die Nelke und den Thymian sowie etwas Pfeffer hinein. Dünsten Sie darin die Zwiebeln und den Knoblauch mit dem Puderzucker an, bis diese weich sind.

3 Streuen Sie das Mehl in den Topf und braten Sie es auf mittlerer Hitze mit, bis das Mehl leicht braun wird. Löschen Sie unter Rühren mit dem Weißwein ab. Gießen Sie dann unter Rühren die Rinderbrühe dazu und schmecken Sie mit Salz ab.

4 Lassen Sie die Suppe leicht köcheln, während Sie das Brot vorbereiten. Schneiden Sie das Baguette in dicke Scheiben. Geben Sie die Scheiben für 10 Minuten bei 200 °C in den Korb der Heißluftfritteuse, bis sie leicht knusprig sind.

5 Geben Sie die Suppe in die Suppentassen. Legen Sie Brotscheiben auf jede Portion und bestreuen Sie das Brot großzügig mit Käse. Überbacken Sie die Suppe, indem Sie die Tassen für ca. 5 Minuten bei 200 °C in den Korb der Heißluftfritteuse stellen.

Tipp: Verwenden Sie Suppentassen, die in Ihre Heißluftfritteuse passen. Da die Portionen dieses Rezeptes großzügig sind, können Sie die Tassen auch einzeln oder zu zweit in der Fritteuse fertigstellen.

Hauptspeisen mit Fisch & Meeresfrüchten

In diesem Kapitel wechseln sich leichte und gehaltvolle Gerichte ab. Das Backfischbrötchen und Lachs im Blätterteig machen Leib und Seele satt. Doch, wie Sie sehen werden, eignet sich die Heißluftfritteuse auch gut, um ganze Fische wie Forellen und Doraden zu garen. Sie werden begeistert sein von der Kombination Fisch auf Gemüse, die Sie ganz leicht und schnell zusammen in der Heißluftfritteuse garen können, wie beim gebackenen Lachs auf Spargel oder Kabeljau mit Brokkoli und Blumenkohl.

GRUNDREZEPT: BACKFISCH IM BIERTEIG MIT KARTOFFELSPALTEN

 4 Port.
 45 Min.
 Mittel

Zutaten

1 kg Fischfilet (4 Stück)
4 Kartoffeln
2 Eier
200 g Mehl
200 ml Bier
1 EL Öl
1 Zitrone (Bioqualität)
1 TL Salz + mehr nach Geschmack
Pfeffer
Paprikapulver

Nährwerte p. P.

1.074 kcal
101 g Kohlenhydrate
16 g Fett
123 g Eiweiß

1 Brausen Sie die Kartoffeln ab und bürsten Sie die Haut gründlich ab. Trocknen Sie die Kartoffeln und schneiden Sie sie in Spalten. Vermengen Sie die Kartoffelspalten mit dem Öl und bestreuen Sie sie mit Salz, Pfeffer und reichlich Paprikapulver.

2 Geben Sie die Kartoffelspalten in den Korb der Heißluftfritteuse und backen Sie sie bei 200 °C für ca. 30 Minuten. Schütteln Sie den Korb während des Backvorgangs mehrmals, damit alles gleichmäßig goldbraun gebacken wird.

3 Waschen Sie die Zitrone heiß ab. Reiben Sie etwas von der Schale ab und geben Sie sie in eine Schüssel. Vierteln Sie die Zitrone und stellen Sie sie zur Seite. Trennen Sie die Eier und geben Sie das Eigelb zu der Zitronenzeste in die Schüssel.

4 Verrühren Sie das Bier mit dem Eigelb. Mischen Sie das Mehl und einen Teelöffel Salz dazu und rühren Sie die Mischung glatt. Schlagen Sie das Eiweiß auf und ziehen Sie es mit einer Gabel unter den Teig.

5 Brausen Sie den Fisch ab und tupfen Sie ihn mit Küchenpapier trocken. Wenden Sie die Filets im Teig.

6 Nehmen Sie die Kartoffelspalten aus der Heißluftfritteuse und stellen Sie sie warm. Legen Sie den Korb mit Backpapier aus und legen Sie die Fischfilets darauf. Backen Sie die Filets bei 200 °C für 10 bis 15 Minuten und wenden Sie sie währenddessen.

7 Servieren Sie jeweils ein Fischfilet mit Zitronenspalte und den Kartoffeln.

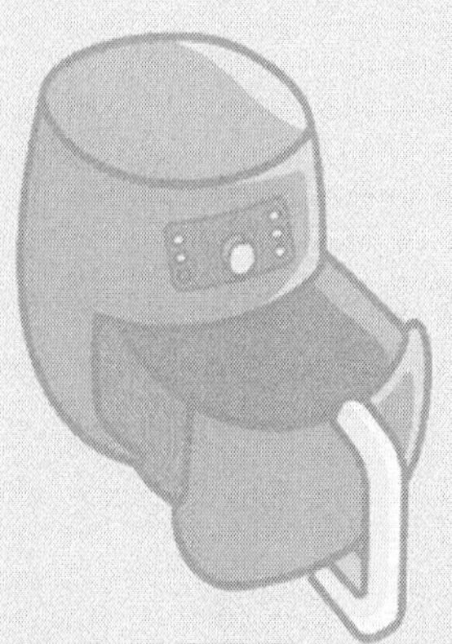

BACKFISCHBRÖTCHEN

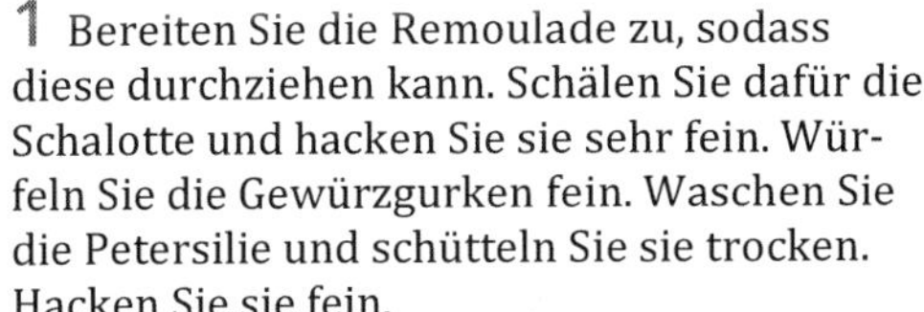

4 Port. | 30 Min. + 30 Min. Ziehzeit | Mittel

Zutaten

Für das Sandwich:
4 Brötchen
4 Scheiben Kopfsalat
1 kg Fischfilet (4 Stück)
2 Eier
200 g Mehl
200 ml Bier
1 TL Salz
Pfeffer

Für die Remoulade:
100 g Mayonnaise
150 g Magerquark
1 Schalotte
2 Gewürzgurken
1 Bund Petersilie
1 TL Zucker
1 TL Apfelessig
Salz

Nährwerte p. P.

1.374 kcal
82 g Kohlenhydrate
56 g Fett
130 g Eiweiß

1 Bereiten Sie die Remoulade zu, sodass diese durchziehen kann. Schälen Sie dafür die Schalotte und hacken Sie sie sehr fein. Würfeln Sie die Gewürzgurken fein. Waschen Sie die Petersilie und schütteln Sie sie trocken. Hacken Sie sie fein.

2 Vermengen Sie den Quark mit der Mayonnaise. Rühren Sie den Zucker und den Essig ein. Mischen Sie die Petersilie, die Schalotte und die Gurken unter und schmecken Sie mit Salz ab. Stellen Sie die Soße bis zur Verwendung in den Kühlschrank.

3 Trennen Sie die Eier und geben Sie das Eigelb zu der Zitronenzeste in die Schüssel.

4 Verrühren Sie das Bier mit dem Eigelb. Mischen Sie das Mehl und einen Teelöffel Salz dazu und rühren Sie die Mischung glatt. Schlagen Sie das Eiweiß auf und ziehen Sie es mit einer Gabel unter den Teig.

5 Brausen Sie den Fisch ab und tupfen Sie ihn mit Küchenpapier trocken. Wenden Sie die Filets im Teig.

6 Legen Sie den Korb mit Backpapier aus und legen Sie die Fischfilets darauf. Backen Sie die Filets bei 200 °C für 10 bis 15 Minuten und wenden Sie sie währenddessen. Waschen Sie die Salatblätter und tupfen Sie sie trocken.

7 Nehmen Sie den Fisch aus der Heißluftfritteuse. Schneiden Sie die Brötchen auf und legen Sie je zwei Hälften für 2 Minuten bei 200 °C in die Heißluftfritteuse.

8 Während die Brötchen nacheinander warm werden, belegen Sie das erste Brötchen mit einem Salatblatt und bestreichen Sie beide Seiten mit Remoulade. Legen Sie ein Fischfilet hinein und klappen Sie das Brötchen zu.

GEBACKENE GARNELEN MIT SPINAT UND POCHIERTEM EI

4 Port. | 20 Min. + 1 Std. Auftauzeit | Schwer

Zutaten

600 g Garnelen, küchenfertig, gefroren
2 EL Olivenöl
4 Eier
600 g Spinat, frisch
1 Knoblauchzehe
1 TL Essig, hell
Chili, gemahlen
Paprikapulver
Salz
Pfeffer

Außerdem:
Knoblauchpresse, Schaumkelle

Nährwerte p. P.

766 kcal
19 g Kohlenhydrate
39 g Fett
79 g Eiweiß

1 Lassen Sie die Garnelen abgedeckt 1 Stunde auftauen. Brausen Sie die Garnelen kurz ab und tupfen Sie sie trocken. Geben Sie sie in eine Schüssel und fügen Sie 1 EL Öl, Salz, Pfeffer und Chiliflocken hinzu.

2 Geben Sie die Garnelen in den Korb der Heißluftfritteuse und backen Sie sie bei 200 °C für ca. 10 Minuten. Schütteln Sie den Korb währenddessen mehrmals.

3 Brausen Sie in der Zwischenzeit den Spinat gründlich mit kaltem Wasser ab. Erhitzen Sie das Öl in einem Topf. Schälen Sie den Knoblauch und pressen Sie ihn direkt in das Öl. Geben Sie den feuchten Spinat hinzu und dünsten Sie ihn unter Rühren an, bis er zusammenfällt. Schmecken Sie mit Salz und Pfeffer ab.

4 Geben Sie Wasser in einen Topf und kochen Sie es auf. Stellen Sie die Hitze herab und fügen Sie den Essig hinzu. Schlagen Sie ein Ei in eine flache Schüssel. Lassen Sie das Ei in das leicht köchelnde Wasser gleiten. Verfahren Sie mit den übrigen Eiern ebenso. Lassen Sie die Eier im Wasser ca. 5 Minuten garen, bis das Eiweiß fest geworden ist, und heben Sie sie dann vorsichtig mit einer Schaumkelle heraus.

5 Richten Sie den Spinat auf Tellern an. Geben Sie die Garnelen hinzu und legen Sie jeweils ein pochiertes Ei obendrauf. Bestreuen Sie das pochierte Ei mit Paprikapulver.

Tipp: Dieses Gericht kommt wunderbar ohne Soße aus, da das pochierte Ei beim Anschneiden ausläuft und den Spinat köstlich mit flüssigem Eigelb tränkt.

GRUNDREZEPT: GEBACKENER LACHS AUF SPARGEL

2 Port.

20 Min.

Leicht

Zutaten

400 g Spargel, grün
2 Lachsfilets mit Haut
1 EL Olivenöl
½ TL Dill
1 Zitrone
Salz
Pfeffer

Nährwerte p. P.

637 kcal
6 g Kohlenhydrate
40 g Fett
62 g Eiweiß

1 Putzen Sie den Spargel und schneiden Sie die Enden ab. Beträufeln Sie die Stangen mit Öl und bestreuen Sie sie mit Salz und Pfeffer. Legen Sie den Spargel in den Korb der Heißluftfritteuse und backen Sie ihn für 5 Minuten bei 200 °C.

2 Waschen Sie die Zitrone währenddessen heiß ab und schneiden Sie sie in dicke Scheiben. Brausen Sie den Fisch ab und tupfen Sie ihn mit Küchenpapier trocken. Reiben Sie beide Seiten der Lachsfilets mit Salz, Pfeffer und Dill ein.

3 Legen Sie den Fisch mit der Haut nach oben auf den Spargel. Legen Sie einige Zitronenscheiben rundherum und backen Sie die Zutaten bei 180 °C für 10 bis 15 Minuten, sodass der Fisch gar und der Spargel weich ist.

Tipp: Sie können den Spargel austauschen und andere Gemüsesorten als Beilage wählen. Pilze, Zucchini oder Zwiebeln machen sich ebenfalls sehr gut unter dem Lachsfilet.

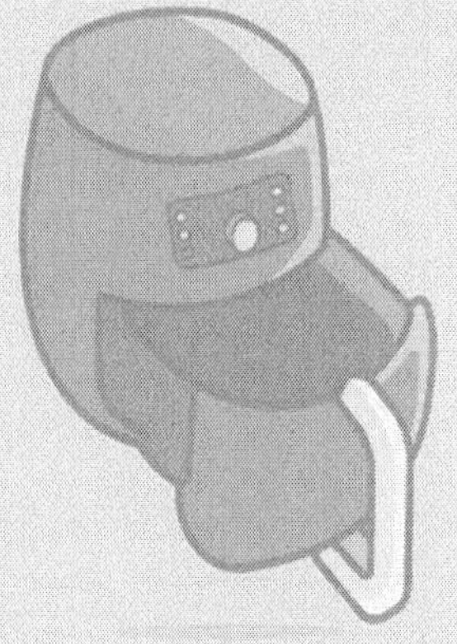

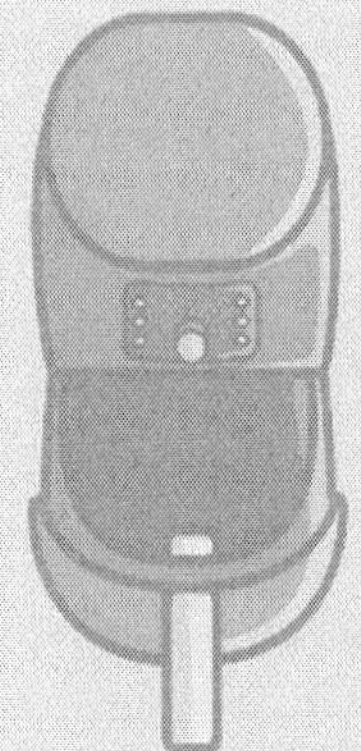

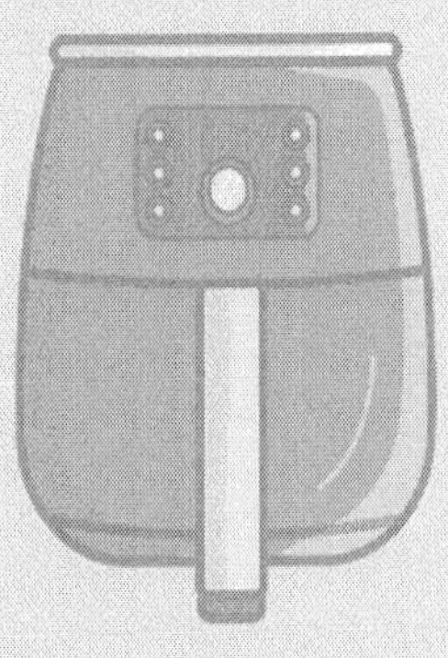

LACHS IN BLÄTTERTEIG

6 Port.

30 Min.

Leicht

Zutaten

500 g Lachsfilet ohne Haut und Gräten
1 Glas Pesto, grün
1 Packung Blätterteig
1 Ei
30 g Walnüsse
Salz
Pfeffer

Für die Beilage:
2 EL Walnussöl
2 EL Rosinen
½ Gurke
2 Handvoll Postelein

Außerdem:
Backpapier

Nährwerte p. P.

614 kcal
22 g Kohlenhydrate
47 g Fett
25 g Eiweiß

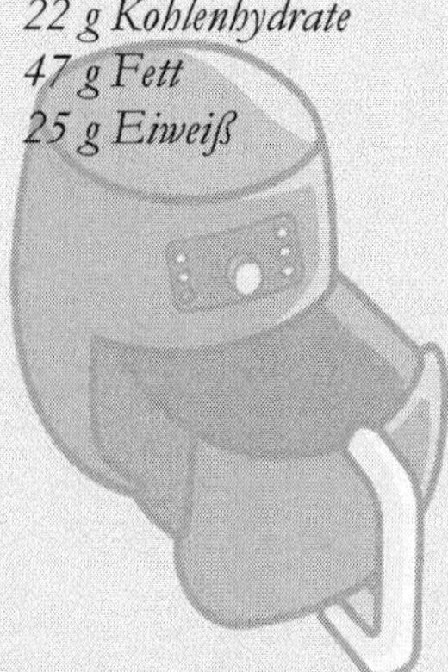

1 Brausen Sie den Lachs kalt ab und tupfen Sie ihn mit Küchenpapier trocken. Bestreuen Sie die Fischfilets rundherum mit Salz und Pfeffer. Hacken Sie die Walnüsse grob. Schlagen Sie das Ei in eine Schüssel und verquirlen Sie es.

2 Nehmen Sie den Blätterteig aus der Packung und rollen Sie ihn aus. Schneiden Sie ein Stück Backpapier aus, sodass es der Größe des Korbs der Heißluftfritteuse entspricht. Platzieren Sie den Blätterteig so, dass eine Hälfte auf dem Backpapier liegt.

3 Belegen Sie diese Hälfte mit der Hälfte des Fisches. Verteilen Sie das Pesto und die gehackten Walnüsse auf dem Fisch und legen Sie den restlichen Fisch wiederum darauf. Schlagen Sie die andere Seite des Blätterteigs darüber und drücken Sie die Ränder mithilfe einer Gabel fest. Bestreichen Sie die Oberseite großzügig mit dem verquirlten Ei.

4 Legen Sie den gefüllten Blätterteig in den Korb der Heißluftfritteuse und backen Sie ihn bei 180 °C für ca. 12 Minuten.

5 Bereiten Sie in der Zwischenzeit den Salat zu, indem Sie den Postelein waschen und trocken tupfen. Waschen Sie auch die Gurke und hobeln Sie sie in ganz dünne Scheiben. Vermengen Sie den Salat mit den Gurken, den Rosinen, dem Walnussöl und Salz und Pfeffer nach Geschmack.

6 Nehmen Sie den Blätterteig aus der Heißluftfritteuse und schneiden Sie ihn in Stücke, die Sie mit der Salatbeilage servieren.

KABELJAU MIT BROKKOLI UND BLUMENKOHL

4 Port. 25 Min. Leicht

Zutaten

600 g Kabeljaufilet, frisch
½ Blumenkohl
½ Brokkoli
2 Knoblauchzehen
½ TL Paprikapulver, edelsüß
½ TL Chili, gemahlen
½ TL Kurkuma
½ TL Kreuzkümmel, gemahlen
½ TL Koriander, gemahlen
3 EL Olivenöl
Salz
Pfeffer

Außerdem:
Knoblauchpresse

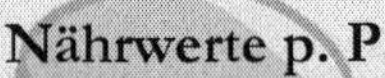

Nährwerte p. P.

579 kcal
10 g Kohlenhydrate
26 g Fett
70 g Eiweiß

1 Putzen Sie den Blumenkohl und den Brokkoli und schneiden Sie beide in kleine Stücke. Geben Sie die Gemüse in eine Schüssel und vermengen Sie sie mit 2 EL des Öls sowie Salz und Pfeffer nach Geschmack. Geben Sie das Gemüse in den Korb der Heißluftfritteuse und backen Sie es bei 180 °C für ca. 10 Minuten. Rühren Sie während der Backzeit das Gemüse einmal gründlich um.

2 Schälen Sie den Knoblauch und pressen Sie ihn in eine kleine Schüssel. Geben Sie das Öl und die Gewürze dazu und mischen Sie alles. Streuen Sie etwas Salz und Pfeffer in die Mischung.

3 Rühren Sie das Gemüse nochmals um. Legen Sie die Fischfilets auf den Blumenkohl und Brokkoli und bepinseln Sie ihn mit der Marinade. Wenden Sie die Filets und bepinseln Sie die andere Seite mit dem Rest der Marinade. Backen Sie die Mischung nochmals 5 bis 10 Minuten, bis der Fisch gar und das Gemüse leicht knusprig ist.

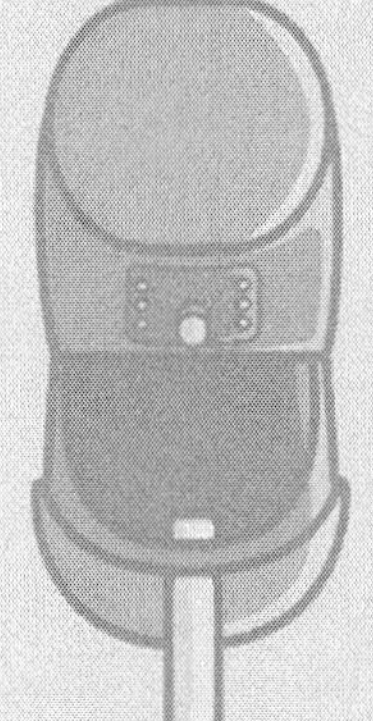
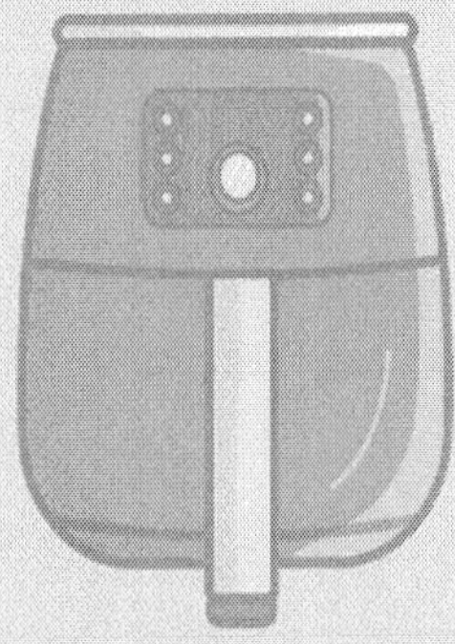

FORELLE MIT SELLERIEPÜREE

2 Port.

25 Min.

Leicht

Zutaten

1 Sellerieknolle
2 Kartoffeln
2 Forellen, ganz
2 Knoblauchzehen
2 Zweige Rosmarin
2 Zweige Thymian
1 Prise Chili, gemahlen
1 Prise Muskat, gemahlen
1 Zitrone
1 EL Olivenöl
2 EL Butter
Salz
Pfeffer

Außerdem:
Kartoffelstampfer

Nährwerte p. P.

469 kcal
21 g Kohlenhydrate
24 g Fett
39 g Eiweiß

1 Schälen Sie den Sellerie und die Kartoffeln und schneiden Sie beides in Würfel. Bringen Sie Wasser mit etwas Salz zum Kochen und geben Sie das Gemüse hinein. Kochen Sie es ca. 20 Minuten, bis die Kartoffeln weich sind.

2 Waschen Sie in der Zwischenzeit die Forellen ab und tupfen Sie sie mit Küchenpapier trocken. Brausen Sie die Zitrone heiß ab und schälen Sie den Knoblauch. Vierteln Sie die Zitrone und legen Sie zwei Viertel beiseite. Schneiden Sie den Rest in Scheiben. Schneiden Sie auch die Knoblauchzehen in Scheiben.

3 Bepinseln Sie die Forellen außen und innen mit dem Öl. Reiben Sie die Fische innen und außen mit Salz und Pfeffer ein und füllen Sie die Zitronenscheiben, den Knoblauch sowie je einen Zweig Thymian und Rosmarin in jeden Fisch.

4 Legen Sie die Fische in den Korb der Heißluftfritteuse und backen Sie sie bei 180 °C für 8 bis 12 Minuten, bis sie goldbraun sind.

5 Gießen Sie in der Zwischenzeit die Kartoffeln und den Sellerie ab. Heben Sie dabei 50 ml des Kochwassers auf. Geben Sie die Butter zum Gemüse und zerstampfen Sie es zu einem Püree. Schmecken Sie mit Salz und Pfeffer ab und fügen Sie Chili und Muskat nach Geschmack hinzu.

6 Servieren Sie die Forelle mit einem guten Löffel Püree und einer Zitronenspalte.

Tipp: Auch ganze Doraden können Sie auf diese Weise ganz leicht und schnell zubereiten.

PASTA MIT GARNELEN & MUSCHELN

4 Port.

30 Min.

Leicht

Zutaten

500 g Linguine
75 g Parmesan + mehr zum Bestreuen
1 EL Olivenöl
100 ml Weißwein
300 g Garnelen, küchenfertig
300 g Miesmuscheln
1 Knoblauchknolle
½ Bund Petersilie
Chili, gemahlen
Salz, grob
Pfeffer

Außerdem:
Käsereibe

Nährwerte p. P.

748 kcal
96 g Kohlenhydrate
16 g Fett
50 g Eiweiß

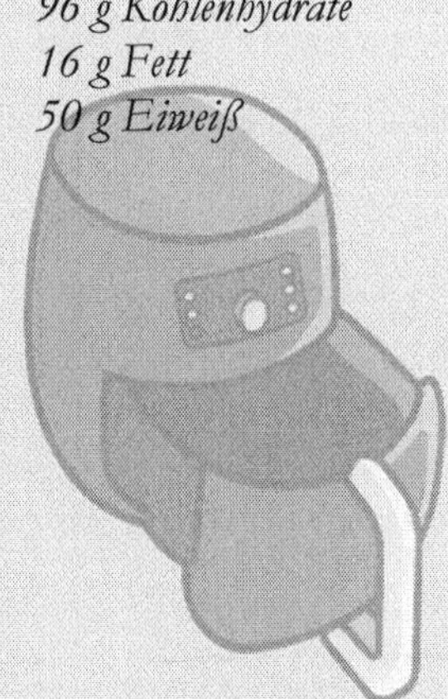

1 Brausen Sie die Garnelen kurz ab und tupfen Sie sie trocken. Geben Sie sie in eine Schüssel und fügen Sie 1 EL Öl, Salz und Pfeffer hinzu. Geben Sie die Garnelen in den Korb der Heißluftfritteuse. Schneiden Sie die Spitze der Knoblauchknolle ab, sodass die Zehen sichtbar sind, und legen Sie sie dazu. Backen Sie die Zutaten bei 200 °C für ca. 10 Minuten, bis die Garnelen knusprig sind und der Knoblauch weich ist. Schütteln Sie den Korb während der Backzeit mehrmals. Salzen Sie Wasser in einem großen Topf und bringen Sie es zum Kochen. Kochen Sie die Linguine nach Packungsanweisung. Hobeln Sie den Käse fein.

2 Putzen Sie die Muscheln in der Zwischenzeit gründlich. Entnehmen Sie die Garnelen und die Knoblauchknolle aus der Heißluftfritteuse. Legen Sie die Muscheln hinein und backen Sie sie für 5 Minuten bei 200 °C, bis sich die Muscheln geöffnet haben.

3 Waschen Sie die Petersilie und schütteln Sie sie trocken. Hacken Sie die Petersilie. Gießen Sie die Nudeln ab und fangen Sie 100 ml des Kochwassers auf. Geben Sie das Kochwasser mit dem Weißwein in den noch warmen Kochtopf der Nudeln und quetschen Sie die Knoblauchzehen dazu. Streuen Sie den Käse dazu und rühren Sie alles gut um. Geben Sie etwas gemahlene Chili und die gehackte Petersilie dazu. Vermengen Sie die Nudeln mit den Garnelen und der Soße. Servieren Sie die Pasta mit den gebackenen Muscheln und reichlich Parmesan bestreut.

PASTA MIT TOMATEN UND LACHS

4 Port.

30 Min.

Leicht

Zutaten

500 g Linguine
500 g Cherrytomaten
2 Lachsfilets, ohne Haut und Gräten
100 g Kräuterfrischkäse
1 Knoblauchzehe
2 EL Pinienkerne
Salz
Pfeffer

Nährwerte p. P.

751 kcal
94 g Kohlenhydrate
23 g Fett
39 g Eiweiß

1 Waschen Sie die Tomaten und tupfen Sie sie trocken. Brausen Sie den Lachs ab und trocknen Sie ihn mit Küchenpapier. Schneiden Sie den Fisch in mundgerechte Würfel. Schälen Sie die Knoblauchzehe.

2 Geben Sie die Tomaten mit dem Lachs, dem Knoblauch und den Pinienkernen in den Korb der Heißluftfritteuse. Backen Sie die Mischung bei 180 °C für ca. 12 Minuten. Rühren Sie währenddessen die Tomaten durch und wenden Sie die Fischwürfel einmal.

3 Geben Sie Wasser mit Salz in einen großen Topf und bringen Sie es zum Kochen. Kochen Sie die Linguine nach Packungsanweisung.

4 Gießen Sie die fertigen Nudeln ab und fangen Sie dabei 200 ml des Kochwassers auf und verrühren Sie es mit dem Frischkäse. Vermengen Sie die Nudeln mit der angerührten Soße und dem Inhalt der Heißluftfritteuse zu einer cremigen Pasta.

Tipp: Dieses Gericht schmeckt auch, wenn Sie es anstatt mit Lachs mit Hering zubereiten, einem weiteren sehr gesunden Fisch.

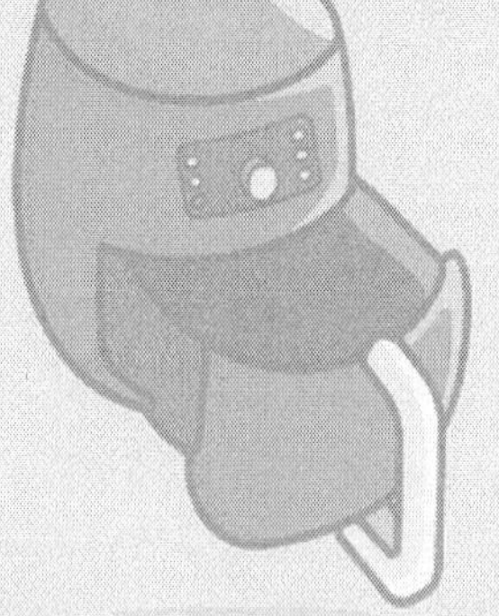

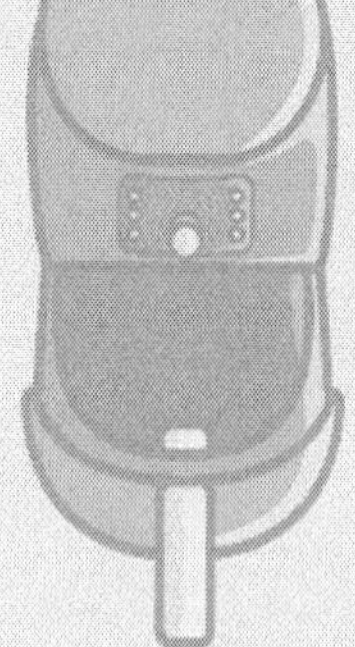

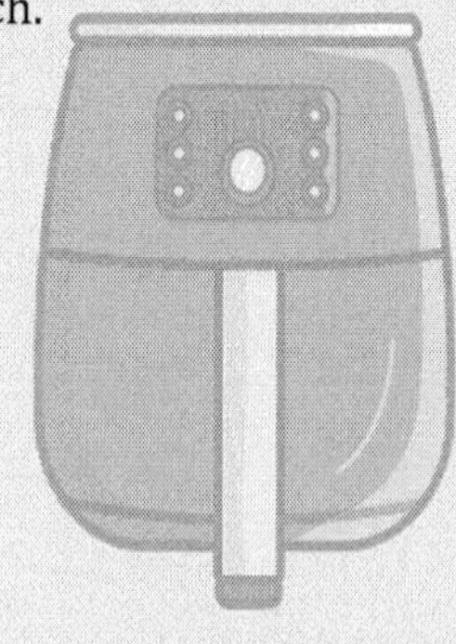

Hauptspeisen mit Fleisch & Geflügel

Von beliebtem Fast Food bis zu festlichem Braten – in diesem Kapitel dreht sich alles ums Fleisch. Klassische Hähnchenkeulen und Fleischbällchen als Beilage zu Spaghetti gefallen und schmecken der ganzen Familie.

Chicken-Nuggets brauchen Sie ab jetzt nicht mehr kaufen, sondern können sie zu Hause schnell und einfach selbst zubereiten. Mit Spinatbeilage oder mit Pommes, ganz nach Geschmack. Und wenn es mal etwas Ausgefallenes sein soll, lässt Sie die Heißluftfritteuse auch nicht im Stich. Festliche Gänsebrust mit Rotkohl beeindruckt Gäste und edles Roastbeef mit selbst gemachter Trüffelmayonnaise ist eine feine Delikatesse. Und wer traditionelle Gerichte liebt, wird bei der Leber mit Zwiebeln und Apfel ins Schwärmen geraten.

KNUSPRIGE FLEISCHBÄLLCHEN IN TOMATENSAUCE

 4 Port.

 30 Min.

 Leicht

Zutaten

500 g Hackfleisch vom Rind
1 Ei
50 g Paniermehl
1 Zwiebel
4 Knoblauchzehen
1 Dose Tomaten, stückig
3 EL Olivenöl
2 EL Tomatenmark
150 ml Rotwein
1 EL Honig
1 TL Paprikapulver, geräuchert
½ TL Chili, gemahlen
1 TL italienische Kräuter, getrocknet
Muskatnuss, gerieben
1 TL Salz + mehr nach Geschmack
Pfeffer

Für die Beilage:
500 g Spaghetti

Außerdem:
Knoblauchpresse

Nährwerte p. P.

592 kcal
26 g Kohlenhydrate
38 g Fett
29 g Eiweiß

1 Verquirlen Sie das Ei mit einem Teelöffel Salz und etwas Pfeffer. Geben Sie das Hackfleisch und das Paniermehl in eine Schüssel und fügen Sie die Eimasse hinzu. Geben Sie etwas gemahlene Muskatnuss dazu und verkneten Sie die Mischung gründlich. Nehmen Sie esslöffelweise Portionen vom Fleisch ab und formen Sie kleine Bällchen.

2 Legen Sie die Hackfleischbällchen in den Korb der Heißluftfritteuse und backen Sie sie bei 180 °C für ca. 15 Minuten. Wenden Sie die Bällchen währenddessen mehrmals, damit sie rundherum knusprig werden. Kochen Sie die Nudeln in Salzwasser nach Packungsanweisung gar.

3 Geben Sie das Öl in eine Pfanne und fügen Sie den gepressten Knoblauch und die klein geschnittene Zwiebel hinzu. Schwitzen Sie die Zwiebelwürfel kurz an und geben Sie dann das Tomatenmark und die getrockneten Kräuter hinzu. Braten Sie es mit, bis es leicht bräunt, und löschen Sie dann mit dem Rotwein ab.

4 Gießen Sie die gehackten Tomaten in die Pfanne und schmecken Sie mit Honig, Salz und gemahlener Chili ab. Geben Sie eine Schöpfkelle des Nudelwassers in die Soße und lassen Sie sie leicht einköcheln.

5 Gießen Sie die Nudeln ab und geben Sie sie in die Soße. Lassen Sie sie darin noch kurz ziehen und servieren Sie die Pasta dann mit den Hackbällchen obendrauf.

Tipp: Wenn Sie mögen, können Sie die Soße in einer ofenfesten Pfanne zubereiten. Vermengen Sie die Nudeln und Hackbällchen mit der Soße, bestreuen Sie alles mit Käse und überbacken Sie alles noch mal für 10 Minuten bei Oberhitze im Ofen.

HÄHNCHENSTREIFEN MIT SENFSOSSE UND POMMES

4 Port.

60 Min.

Mittel

Zutaten

Für die panierten Hähnchenstreifen:
4 Hähnchenbrüste
2 Eier
Ca. 150 g Paniermehl
Ca. 100 g Mehl
1 TL Paprikapulver, geräuchert
1 TL Thymian, gerebelt
1 TL Oregano, gerebelt
½ TL Knoblauchpulver
Salz
Pfeffer

Für die Pommes:
4 mittelgroße Kartoffeln, vorwiegend festkochend
1 EL Pflanzenöl
½ TL Natron
1 TL Paprikapulver
Salz
Pfeffer

Für die Soße:
200 ml Mayonnaise
200 g Magerquark
3 EL Honig
2 EL Senf
1 EL Apfelessig
Salz
Pfeffer

Nährwerte p. P.

1.055 kcal
75 g Kohlenhydrate
53 g Fett
66 g Eiweiß

1 Bürsten Sie die Kartoffeln unter Wasser gründlich ab. Schneiden Sie sie mit einem scharfen Messer in dünne Stifte und legen Sie sie in eine Schüssel mit kaltem Wasser, in die Sie das Natron eingerührt haben. Lassen Sie die Pommes darin ziehen, während Sie die Hähnchenstreifen vorbereiten.

2 Brausen Sie das Hähnchenfleisch ab und tupfen Sie es gründlich mit Küchenpapier trocken. Schneiden Sie das Fleisch in lange Streifen von ca. 2 cm Dicke.

3 Stellen Sie drei tiefe Teller bereit. Geben Sie jeweils das Mehl und das Paniermehl in einen separaten Teller. Geben Sie den Oregano und Thymian zum Paniermehl und mischen Sie die Kräuter unter. Schlagen Sie die Eier in den dritten Teller und verquirlen Sie sie mit dem Salz, Pfeffer und den restlichen Gewürzen.

4 Wenden Sie jeden Hähnchenstreifen zuerst im Mehl, dann im Ei und dann im Paniermehl. Legen Sie die Streifen so in den Korb der Heißluftfritteuse, dass sie sich nicht berühren. Backen Sie die Hähnchenstreifen bei 200 °C für 10 Minuten. Wenden Sie die Streifen und backen Sie sie erneut ca. 5 Minuten, bis sie goldbraun sind.

5 Bereiten Sie in der Zwischenzeit den Dip zu. Geben Sie den Honig, den Senf und den Essig in eine Schale. Vermischen Sie die Zutaten gründlich. Vermengen Sie in einer Schüssel die Mayonnaise mit dem Magerquark. Rühren Sie die Senfmischung ein und schmecken Sie mit Salz, Pfeffer und noch etwas mehr Honig ab.

6 Nehmen Sie die Hähnchenstreifen aus der Heißluftfritteuse und stellen Sie sie warm. Gießen Sie die Kartoffeln ab und trocknen Sie sie gründlich. Mischen Sie die Kartoffeln mit dem Öl, Salz und Pfeffer sowie Paprikapulver. Geben Sie sie in den Korb der Heißluftfritteuse und backen Sie sie für ca. 20 Minuten, bis die Pommes goldbraun sind. Wenden Sie sie in dieser Zeit mehrmals, sodass alle Pommes gut gebacken werden. Servieren Sie die heißen Pommes mit den Hähnchenstreifen und kleinen Schälchen mit Dip.

CHICKEN-NUGGETS MIT LAUCHGEMÜSE

 4 Port.
 25 Min.
 Leicht

Zutaten

Für die panierten Hähnchenstreifen:
4 Hähnchenbrüste
2 Eier
Ca. 150 g Paniermehl
Ca. 100 g Mehl
1 TL Paprikapulver, geräuchert
½ TL Kurkuma
½ TL Knoblauchpulver
Salz
Pfeffer

Für das Lauchgemüse:
2 Stangen Lauch
1 Dose Kokosmilch
1 EL Pflanzenöl
1 TL Currypulver
50 g Erdnüsse, geröstet und gesalzen
1 EL Rosinen
Salz
Pfeffer

Außerdem:
Mörser

Nährwerte p. P.

933 kcal
63 g Kohlenhydrate
43 g Fett
67 g Eiweiß

1 Brausen Sie das Hähnchenfleisch ab und tupfen Sie es gründlich mit Küchenpapier trocken. Schneiden Sie das Fleisch in lange Streifen von ca. 2 cm Dicke und diese wiederum in Stücke von ca. 3 cm Länge.

2 Stellen Sie drei tiefe Teller bereit. Geben Sie jeweils das Mehl und das Paniermehl in einen separaten Teller. Geben Sie das Kurkumapulver zum Paniermehl und mischen Sie die Kräuter unter. Schlagen Sie die Eier in den dritten Teller und verquirlen Sie sie mit dem Salz, Pfeffer und den restlichen Gewürzen.

3 Wenden Sie jedes Hähnchenstück zuerst im Mehl, dann im Ei und dann im Paniermehl. Legen Sie die Streifen so in den Korb der Heißluftfritteuse, dass sie sich nicht berühren. Backen Sie die Hähnchenstreifen bei 200 °C für 10 Minuten. Wenden Sie die Nuggets und backen Sie sie erneut ca. 5 Minuten, bis sie goldbraun sind.

4 Bereiten Sie in der Zwischenzeit das Lauchgemüse zu. Schneiden Sie den Lauch in Ringe und waschen Sie diese in einem großen Sieb unter Wasser ab, sodass keine Erde mehr daran haftet.

5 Geben Sie das Öl in eine Pfanne und erhitzen Sie es. Dünsten Sie darin die Lauchringe kurz an, sodass sie schon leicht glasig werden. Streuen Sie das Currypulver dazu und rühren Sie, bis es duftet. Löschen Sie dann mit der Kokosmilch ab und geben Sie die Rosinen dazu.

6 Lassen Sie alles auf kleiner Flamme einköcheln. Zerstoßen Sie die Erdnüsse grob im Mörser und streuen Sie sie in die Soße. Schmecken Sie mit Salz und Pfeffer ab.

7 Servieren Sie die Hähnchen-Nuggets auf dem Lauchgemüse.

HÄHNCHENKEULEN AUF OFENGEMÜSE

 4 Port.

 25 Min.

 Leicht

Zutaten

4 Hähnchenschenkel
4 Kartoffeln, mittelgroß, vorwiegend festkochend
1 Karotte
100 g Cherrytomaten
4 Knoblauchzehen
2 EL Olivenöl
1 EL mediterrane Kräuter, getrocknet
1 TL Paprikapulver, edelsüß
Salz
Pfeffer

Außerdem:
kleine Auflaufform für die Heißluftfritteuse

Nährwerte p. P.

625 kcal
22 g Kohlenhydrate
26 g Fett
66 g Eiweiß

1 Brausen Sie das Fleisch ab und tupfen Sie es mit Küchenpapier trocken. Waschen Sie die Tomaten, die Kartoffeln und die Karotte. Schneiden Sie die Karotte in dicke Scheiben, die Kartoffel in Spalten und halbieren Sie die Tomaten. Schälen Sie den Knoblauch.

2 Mischen Sie das Gemüse in der Auflaufform mit dem Öl, Salz, Pfeffer und den Kräutern. Reiben Sie die Hähnchenschenkel mit Salz, Pfeffer und reichlich Paprikapulver ein und legen Sie sie auf das Gemüse, sodass die Hautseite unten liegt.

3 Stellen Sie die Auflaufform in den Korb der Heißluftfritteuse und backen Sie alles bei 200 °C für ca. 30 Minuten. Schieben Sie zur Hälfte der Garzeit das Gemüse mithilfe eines Holzlöffels leicht unter dem Fleisch hin und her und wenden Sie die Hähnchenschenkel.

4 Servieren Sie das Gemüse als Beilage zum Fleisch mit dem ausgetretenen Fett aus der Auflaufform.

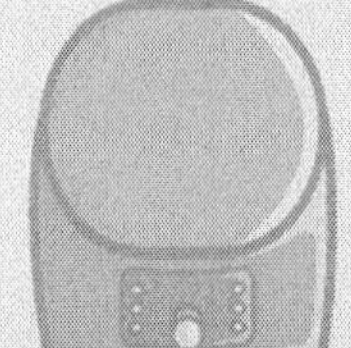

Tipp: Gekochte Kartoffeln vom Vortag schmecken natürlich auch, denn dieses Rezept eignet sich ideal, um Reste von vorherigen Mahlzeiten zu verwerten. Es funktioniert auch gut mit einer herbstlichen Ernte, wie Sie im nächsten Rezept sehen werden.

GEFÜLLTE ZUCCHINI MIT WILDREIS UND WALNUSSBUTTER

2 Port.

2 Std.

Mittel

Zutaten

2 Zucchini
250 g Hackfleisch, gemischt
200 g Wildreis
1 Schalotte
1 Tomate, mittelgroß
4 EL Walnüsse
1 Kugel Mozzarella
100 g Emmentaler
1 EL Tomatenmark
1 TL Oregano, gerebelt
1 EL Pflanzenöl
4 EL Haselnussbutter, vegan (siehe Tipps)
Salz
Pfeffer

Nährwerte p. P.

446 kcal
32 g Kohlenhydrate
23 g Fett
32 g Eiweiß

1 Schälen Sie die Schalotte und würfeln Sie sie. Waschen Sie die Tomate und entfernen Sie den Strunk. Würfeln Sie das Fruchtfleisch klein. Waschen Sie die Zucchini und halbieren Sie sie. Schaben Sie mit einem Löffel die Kerne und einen Teil des Fruchtfleisches aus der Zucchini und bestreuen Sie die Innenseite mit reichlich Salz. Kochen Sie den Wildreis nach Packungsanweisung. Hacken Sie die Walnüsse grob.

2 Erhitzen Sie das Öl in einer Pfanne. Geben Sie die Schalotte dazu und schwitzen Sie sie an. Geben Sie das Hackfleisch und das Tomatenmark in die Pfanne und braten Sie alles gut an. Fügen Sie das Fruchtfleisch der Zucchini, den Oregano und die gewürfelte Tomate hinzu und braten Sie sie kurz mit. Schmecken Sie zum Schluss mit Salz und Pfeffer ab und heben Sie die gehackten Walnüsse unter.

3 Tupfen Sie ausgetretene Flüssigkeit und das Salz aus der Zucchini mit Küchenpapier ab und füllen Sie die Hackfleischmischung hinein. Legen Sie die Zucchini mit der Außenseite nach unten und der Füllung nach oben in den Korb der Heißluftfritteuse. Bestreuen Sie die Zucchini mit dem Emmentaler. Entnehmen Sie den Mozzarella aus der Packung und zupfen Sie ihn klein.

4 Verteilen Sie den Mozzarella auf der Zucchini. Backen Sie sie bei 160 °C für ca. 20 Minuten, bis das Gemüse weich und der Käse knusprig ist.

5 Bereiten Sie den Wildreis vor, indem Sie die Haselnussbutter einrühren und nach Geschmack nachwürzen. Servieren Sie den Reis als Bett mit jeweils einer Zucchinihälfte obendrauf.

Tipp: Das Rezept für die vegane Haselnussbutter finden Sie im Kapitel „Dips und Butter“. Alternativ können Sie auch die Rindermarkbutter verwenden, um den Reis zu aromatisieren.

ROASTBEEFSCHEIBEN MIT TRÜFFELMAYONNAISE UND POMMES

4 Port.

60 Min.

Schwer

Zutaten

Für das Fleisch:
1 kg Roastbeef
2 EL Senf
2 EL Pfefferkörner
3 EL Butter
1 Zweig Thymian
Salz

Für die Pommes:
4 mittelgroße Kartoffeln, vorwiegend festkochend
1 EL Pflanzenöl
½ TL Natron
1 TL Paprikapulver
Salz
Pfeffer

Für die Mayonnaise:
3 Eier
175 ml Pflanzenöl
25 ml Trüffelöl
1 EL Senf
1 EL Zitronensaft
Salz
Pfeffer, weiß

Außerdem:
Stabmixer, Mörser, Alufolie

Nährwerte p. P.
1.020 kcal
57 g Kohlenhydrate
59 g Fett
40 g Eiweiß

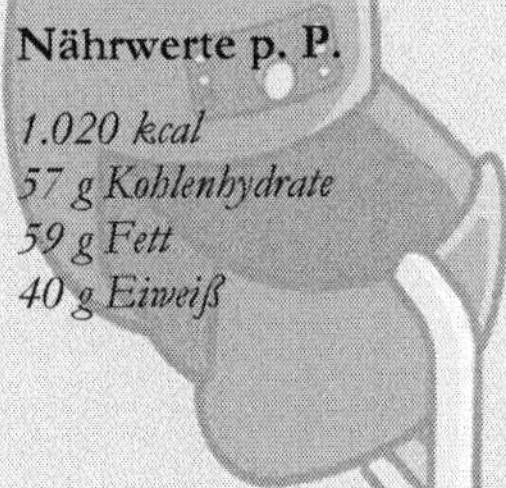

1 Bürsten Sie die Kartoffeln unter Wasser gründlich ab. Schneiden Sie sie mit einem scharfen Messer in dünne Stifte und legen Sie sie in eine Schüssel mit kaltem Wasser, in die Sie das Natron eingerührt haben. Lassen Sie die Pommes darin 30 Minuten ziehen.

2 Bestreichen Sie das Fleisch rundherum dick mit dem Senf und bestreuen Sie es dann mit Salz. Zerstoßen Sie die Pfefferkörner im Mörser und streuen Sie sie ebenfalls rundherum auf das Fleisch.

3 Legen Sie das Roastbeef in den Korb der Heißluftfritteuse. Backen Sie das Fleisch bei 200 °C für 10 Minuten und anschließend bei 160 °C für ca. 25 Minuten.

4 Gießen Sie die Kartoffeln ab und trocknen Sie sie gründlich. Mischen Sie die Kartoffeln mit dem Öl, Salz und Pfeffer sowie Paprikapulver. Nehmen Sie das Fleisch aus der Heißluftfritteuse und legen Sie es auf ein Stück Alufolie. Geben Sie die Butter und den Thymian dazu und wickeln Sie es ein, damit das Fleisch noch etwas ruhen kann.

5 Geben Sie die rohen Pommes in den Korb der Heißluftfritteuse und backen Sie sie für ca. 20 Minuten, bis die Pommes goldbraun sind. Wenden Sie sie in dieser Zeit mehrmals, sodass alle Pommes gut gebacken werden.

6 Bereiten Sie die Mayonnaise zu, indem Sie die Eier trennen. Geben Sie die Eigelbe in ein hohes Rührgefäß. Verwenden Sie das Eiweiß anderweitig. Geben Sie den Senf zum Eigelb und beginnen Sie, mit dem Stabmixer zu rühren. Geben Sie unter Rühren das Pflanzenöl und das Trüffelöl löffelweise hinzu. So entsteht eine cremige Mayonnaise. Schmecken Sie mit Senf, Zitronensaft sowie Salz und weißem Pfeffer ab.

7 Wickeln Sie das Fleisch aus und schneiden Sie es mit einem scharfen Messer in dünne Scheiben. Servieren Sie das Fleisch mit den Pommes und der Mayonnaise zum Dippen.

PUTENPFANNE MIT PAPRIKA

4 Port. | 25 Min. + 2 Std. zum Marinieren | Schwer

Zutaten

500 g Geschnetzeltes von der Pute
1 EL Apfelessig
3 EL Sojasoße
4 Paprika
1 Zwiebel
2 Karotten
150 g Erbsen, tiefgekühlt
2 Kartoffeln, mittelgroß, festkochend
100 ml Weißwein
1 Packung Sahne
Salz
Pfeffer
200 g Reis
½ Bund Petersilie

Außerdem:
Topf für die Heißluftfritteuse

Nährwerte p. P.

875 kcal
54 g Kohlenhydrate
30 g Fett
78 g Eiweiß

1 Brausen Sie das Geschnetzelte ab und tupfen Sie es mit Küchenpapier trocken. Geben Sie den Essig und die Sojasoße zum Fleisch und vermengen Sie alles. Lassen Sie das Fleisch 2 Stunden marinieren.

2 Waschen Sie die Paprika und die Karotten. Entfernen Sie die Strünke und schneiden Sie die Paprika in lange Streifen. Schälen Sie die Kartoffeln und die Zwiebel und schneiden Sie diese in Ringe. Schneiden Sie die Karotten in dünne Scheiben und würfeln Sie die Kartoffeln.

3 Geben Sie das Fleisch und die Zwiebelringe in den Topf der Heißluftfritteuse und backen Sie es bei 180 °C für ca. 5 Minuten.

4 Geben Sie die Kartoffeln, die Karotten, die Paprikastreifen und die Erbsen zum Fleisch. Gießen Sie den Weißwein und die Sahne dazu und stellen Sie die Hitze auf 160 °C. Lassen Sie die Mischung nochmals 20 Minuten garen, bis die Kartoffeln weich sind. Rühren Sie währenddessen noch mehrmals um.

5 Kochen Sie den Reis in der Zwischenzeit nach Packungsanweisung. Waschen Sie die Petersilie, trocknen Sie sie und hacken Sie sie fein. Schmecken Sie vor dem Servieren die Sahnesoße nochmals mit Salz und Pfeffer ab.

Tipp: Das Geschnetzelte können Sie auch mit Brot anstatt mit Reis servieren.

GRUNDREZEPT: TACOS

4 Port.

40 Min.

Mittel

Zutaten

500 g Hackfleisch, gemischt
8 kleine Tortilla-Fladen aus Maismehl
1 Dose schwarze Bohnen
1 Limette
1 Schalotte
1 Frühlingszwiebel
1 Tomate
1 Avocado
1 EL Pflanzenöl
200 g Käse
1 TL Paprikapulver
½ TL Knoblauchpulver
½ TL Kreuzkümmel, gemahlen
½ TL Chili, gemahlen
Salz
Pfeffer

Nährwerte p. P.

1.024 kcal
92 g Kohlenhydrate
46 g Fett
59 g Eiweiß

1 Schälen Sie die Schalotte und würfeln Sie sie fein. Geben Sie sie mit dem Öl in eine Pfanne und schwitzen Sie sie leicht an. Geben Sie die Gewürze hinzu und braten Sie diese kurz mit. Geben Sie das Hackfleisch in die Pfanne und braten Sie es krümelig an.

2 Waschen Sie die Tomate, entfernen Sie den Strunk und würfeln Sie sie. Gießen Sie die Bohnen ab und reiben Sie den Käse. Halbieren Sie die Avocado und entfernen Sie den Kern. Schälen Sie die Avocado und schneiden Sie das Fruchtfleisch in Scheiben. Vierteln Sie die Limette und stellen Sie sie zur Seite. Putzen Sie die Frühlingszwiebel und schneiden Sie sie in Ringe.

3 Verteilen Sie das Fleisch auf den Tacos und klappen Sie sie zu. Legen Sie so viele Fladen in den Korb der Heißluftfritteuse, wie hineinpassen. Bereiten Sie die übrigen im nächsten Durchgang zu. Backen Sie sie kurz bei 200 °C, bis der Käse geschmolzen ist, ca. 5 Minuten.

4 Füllen Sie die Fladen mit den übrigen Zutaten und servieren Sie sie lauwarm.

Tipp: Die Füllung können Sie wunderbar variieren. Probieren Sie zum Beispiel Hähnchenfleisch oder übrig gebliebenes Rindfleisch und Reste von Gemüse vom Vortag.

CHICKEN TERIYAKI

  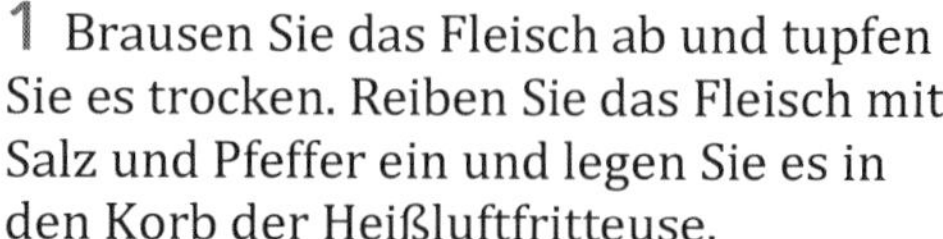

4 Port. 50 Min. Mittel

Zutaten

500 g Hähnchenbrust
600 g Glasnudeln
½ Brokkoli
1 Stück Ingwer, ca. 2 cm dick
2 Knoblauchzehen
4 Frühlingszwiebeln
2 EL Sesamsamen
3 EL Sojasoße
1 EL Apfelessig
4 EL Ahornsirup
150 ml Wasser
1 EL Stärke
Salz
Pfeffer

Außerdem:
Knoblauchpresse, Reibe, Tofupresse oder schweres Holzbrett und Küchenpapier

Nährwerte p. P.

825 kcal
150 g Kohlenhydrate
8 g Fett
34 g Eiweiß

1 Brausen Sie das Fleisch ab und tupfen Sie es trocken. Reiben Sie das Fleisch mit Salz und Pfeffer ein und legen Sie es in den Korb der Heißluftfritteuse.

2 Backen Sie das Fleisch bei 170 °C für 10 Minuten. Putzen Sie in der Zwischenzeit den Brokkoli. Legen Sie die Röschen zum Fleisch und garen Sie alles noch mal 8 Minuten weiter, bis der Brokkoli weich und das Fleisch gar ist.

3 Bereiten Sie in der Zwischenzeit die Glasnudeln nach Packungsanweisung zu.

4 Bereiten Sie auch die Soße vor, indem Sie den Ingwer schälen und reiben und den Knoblauch schälen und pressen. Geben Sie beides in einen weiten Topf. Geben Sie die Sojasoße, den Apfelessig und den Ahornsirup hinzu und kochen Sie die Mischung auf. Rühren Sie die restliche Stärke in 150 ml Wasser ein und gießen Sie die Mischung unter Rühren in den Topf. Lassen Sie die Soße leicht einköcheln.

5 Lassen Sie das Fleisch so weit abkühlen, dass Sie es in Würfel schneiden können. Geben Sie das Fleisch in die Soße und lassen Sie es darin 10 Minuten ziehen.

6 Servieren Sie das Teriyaki-Hähnchen auf den Glasnudeln. Legen Sie den Brokkoli dazu, bestreuen Sie alles mit Sesam und frisch geschnittener Frühlingszwiebel und löffeln Sie die restliche Soße darüber.

LEBER MIT ZWIEBELN

 4 Port.

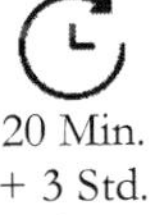 20 Min. + 3 Std. Ziehzeit

 Leicht

Zutaten

750 g Leber (Rind oder Schwein)
4 Zwiebeln, gelb
2 Äpfel
8 - 10 Kartoffeln, mittelgroß
250 ml Milch oder Buttermilch
2 EL Butter
1 EL Pflanzenöl
1 Prise Muskat
Pfeffer
Salz

Nährwerte p. P.

604 kcal
53 g Kohlenhydrate
22 g Fett
45 g Eiweiß

1 Waschen Sie die Leber sehr gründlich und tupfen Sie sie mit Küchenpapier trocken. Geben Sie die Milch in eine Schüssel und legen Sie die Leber hinein. Lassen Sie sie für 3 Stunden in der Milch ziehen.

2 Schälen Sie die Kartoffeln und schneiden Sie sie in Würfel. Geben Sie sie in einen Topf mit etwas Salz und gießen Sie Wasser auf. Kochen Sie die Kartoffeln darin gar.

3 Waschen Sie die Äpfel und entkernen Sie sie. Schälen Sie die Zwiebeln und schneiden Sie sowohl die Zwiebeln als auch die Äpfel in Scheiben. Vermengen Sie die Scheiben mit einem Teelöffel Öl und geben Sie sie in den Korb der Heißluftfritteuse.

4 Nehmen Sie die Leber aus der Milch und spülen Sie sie kurz ab. Trocknen Sie sie gründlich. Entsorgen Sie die Milch die zum Einlegen verwendet wurde. Bestreichen Sie die Leber mit dem restlichen Öl und bestreuen Sie sie mit Salz und Pfeffer. Legen Sie die Leber in die Mitte des Korbs zwischen das Gemüse. Backen Sie die Leber bei 180 °C für ca. 15 Minuten und wenden Sie sie zur Hälfte der Backzeit.

5 Gießen Sie die Kartoffeln ab. Geben Sie die Butter und etwas Muskat hinzu und stampfen Sie die Kartoffeln zu Püree. Schmecken Sie mit Salz und Pfeffer ab.

6 Schneiden Sie die Leber in dicke Scheiben und servieren Sie sie mit dem Püree und dem Apfelgemüse.

Tipp: Durch das Einlegen in der Milch oder Buttermilch wird die Leber milder und weniger zäh. Wenn es mal schnell gehen muss und Sie hochwertige Fleischqualität verarbeiten, können Sie diesen Schritt auch weglassen.

GÄNSEBRUST MIT ROTKOHL

4 Port. 70 Min. Schwer

Zutaten

2 Gänsebrüste (ca. 800 g)
4 EL Pflanzenöl
2 Schalotten
500 g Rotkohl im Glas
500 g Spätzle
1 EL Speisestärke
100 ml Rotwein
250 ml Geflügelfond
4 EL Rindermarkbutter (siehe Tipps)
1 Zweig Thymian
½ TL Majoran
Salz
Pfeffer

Nährwerte p. P.

1.013 kcal
94 g Kohlenhydrate
54 g Fett
17 g Eiweiß

1 Putzen Sie die Gänsebrüste, falls noch Federn vorhanden sein sollten. Erhitzen Sie das Öl in einer Pfanne und braten Sie die Gänsebrüste zuerst mit der Hautseite, dann rundum möglichst scharf an.

2 Legen Sie das Fleisch dann in die Heißluftfritteuse und garen Sie es bei 160 °C für 30 Minuten.

3 Schälen Sie die Schalotten und würfeln Sie sie fein. Schwitzen Sie die Würfel im Bratfett kurz an. Streuen Sie den Majoran dazu, legen Sie den Thymian hinein und löschen Sie mit dem Wein ab. Gießen Sie 200 ml des Geflügelfonds dazu und lassen Sie die Flüssigkeit leicht einköcheln.

4 Kochen Sie die Spätzle nach Packungsanweisung und erwärmen Sie den Rotkohl wie angegeben. Mischen Sie die Stärke mit dem restlichen kalten Fond und rühren Sie die Mischung in die Soße, damit diese eindickt. Schmecken Sie die Soße mit Salz und Pfeffer ab und nehmen Sie den Thymian heraus.

5 Gießen Sie die Spätzle ab und rühren Sie die Rindermarkbutter unter. Schneiden Sie die Gänsebrust in Scheiben und servieren Sie sie mit Spätzle, Rotkohl und der Soße.

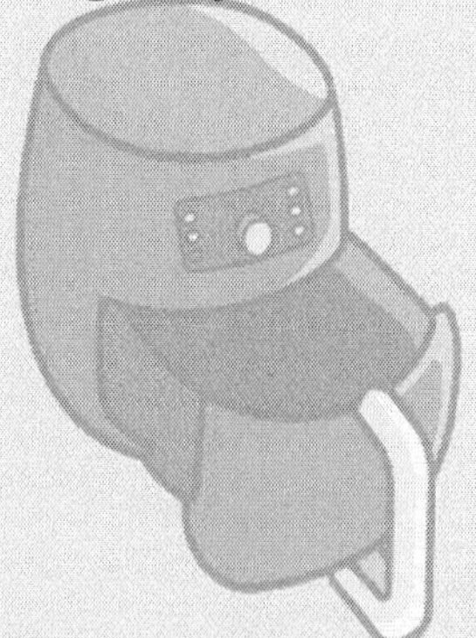
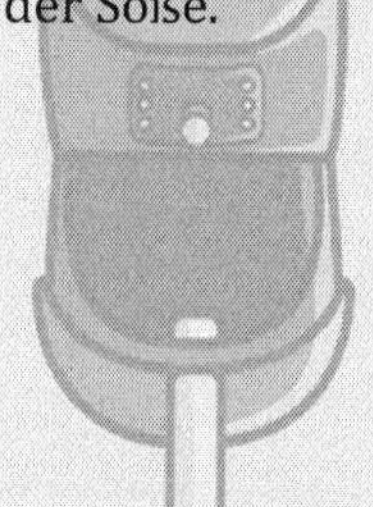

Vegetarische und vegane Hauptspeisen

Es muss nicht immer Fleisch sein. Blitzschnell gemachte Pasta mit gebackenem Feta und Gemüse steht innerhalb von 20 Minuten auf dem Tisch und schmeckt Groß und Klein. Ebenso unkompliziert und einfach sind der Ofenreis und die Rösti in der Heißluftfritteuse gemacht.

Sehr raffiniert wird es beim Risotto mit zweierlei Grünkohl, einem Gericht, das nicht nur gut aussieht, sondern auch noch durch das grüne Wintergemüse sehr gesund ist. Außerdem finden Sie in diesem Kapitel die vegane Version des Chicken Teriyakis mit Tofu und genial knusprige Rollen aus Reispapier.

Die Rezepte sind übrigens frei gestaltbar und indem Sie Käse und Ei durch Tofu ersetzen, können Sie fast alles auch komplett pflanzlich gestalten.

RISOTTO MIT ZWEIERLEI GRÜNKOHL

4 Port.

45 Min.

Schwer

Zutaten

Für das Risotto:
1 großer Bund Grünkohl (ca. 750 g)
2 Schalotten
250 g Reis (Risotto-Reis oder Milchreis)
100 g Käse (Parmesan)
2 EL Butter
2 EL Olivenöl
150 ml Weißwein
600 ml Wasser
2 EL Gemüsebrühe, gekörnt
Salz
Pfeffer
Muskatnuss, gerieben

Für die Chips:
5 Blätter Grünkohl (siehe Schritt 1)
2 EL Olivenöl
½ TL Knoblauchpulver
½ TL Salz
1 Prise Chili, gemahlen
Pfeffer

Außerdem:
Schöpfkelle, Käsereibe

Nährwerte p. P.

581 kcal
53 g Kohlenhydrate
25 g Fett
24 g Eiweiß

1 Waschen Sie den Grünkohl und trocknen Sie ihn gründlich. Nehmen Sie 5 Blätter für die Chips zur Seite. Schneiden Sie die restlichen Blätter inklusive der Stängel in Stücke. Schälen und würfeln Sie die Schalotten. Erhitzen Sie das Wasser und rühren Sie die gekörnte Brühe ein. Reiben Sie in der Zwischenzeit den Käse fein. ooErhitzen Sie das Olivenöl und die Butter in einem Topf. Schwitzen Sie die Schalotten darin kurz an. Geben Sie den Reis und den Grünkohl in den Topf und braten Sie alles kurz auf mittlerer Hitze an.

2 Löschen Sie mit dem Weißwein ab. Geben Sie etwas Salz, Pfeffer und Muskat dazu und schütten Sie eine Schöpfkelle voll Brühe hinzu. Lassen Sie die Flüssigkeit leicht einköcheln und geben Sie erneut Brühe hinzu. Rühren Sie den Reis immer wieder um. Fahren Sie so fort, bis der Reis weich und die Flüssigkeit aufgesogen ist.

3 Nehmen Sie den Grünkohl für die Chips zur Hand. Reißen Sie die Blätter in mundgerechte Stücke und entfernen Sie dabei den Strunk. Geben Sie die restlichen Zutaten in eine Schüssel und verquirlen Sie sie. Würzen Sie nach Geschmack und wenden Sie die Blätter dann darin, sodass alles mit der Marinade bedeckt ist.

4 Geben Sie die Blätter in den Korb der Heißluftfritteuse und backen Sie sie bei 200 °C. Schütteln Sie den Korb mehrmals und kontrollieren Sie die Knusprigkeit und Bräunung der Chips. Nach ca. 10 Minuten sind sie gar und knusprig und können auf einem Gitter auskühlen.

5 Schmecken Sie das Risotto ab. Streuen Sie den Parmesan hinein und richten Sie das Risotto auf Tellern ab. Servieren Sie es mit den Grünkohl-Chips garniert.

SPAGHETTI MIT FETA-TOMATEN-SOẞE

4 Port.

20 Min.

Leicht

Zutaten

500 g Spaghetti
250 g Feta
250 g Cherrytomaten
2 Knoblauchzehen
3 EL Pinienkerne
1 EL Olivenöl
1 Zweig Thymian
Salz
Pfeffer

Außerdem:
Backpapier

Nährwerte p. P.

684 kcal
92 g Kohlenhydrate
20 g Fett
29 g Eiweiß

1 Kochen Sie die Spaghetti nach Packungsanweisung. Schälen Sie den Knoblauch und waschen Sie die Tomaten und den Thymian.

2 Legen Sie den Korb der Heißluftfritteuse mit Backpapier aus. Nehmen Sie den Fetakäse aus der Packung und legen Sie ihn in den Korb. Legen Sie die Tomaten und den Knoblauch um den Käse herum. Legen Sie den Thymian und die Pinienkerne hinzu und bestreuen Sie alles großzügig mit Salz und Pfeffer.

3 Backen Sie die Zutaten bei 180 °C ca. 10 Minuten, bis die Tomaten weich sind.

4 Gießen Sie die Spaghetti ab und geben Sie sie zurück in den Topf. Geben Sie das Olivenöl hinzu und rühren Sie die Nudeln kurz um.

5 Entfernen Sie den Stängel des Thymians und zupfen Sie die Blättchen ab. Geben Sie die gesamten Zutaten aus der Heißluftfritteuse in den Topf zu den Spaghetti. Rühren Sie alles gründlich durch und servieren Sie die Pasta heiß, mit Salz und Pfeffer abgeschmeckt.

GEFÜLLTE PAPRIKA

4 Port.

1 Std.

Mittel

Zutaten

4 Paprika, bunt
1 Zwiebel
1 Knoblauchzehe
2 EL Rosinen
250 g Reis
1 TL Tomatenmark
50 g Tomaten, getrocknet, in Öl
2 EL Öl der getrockneten Tomaten
1 TL Hefeflocken
½ TL Oregano, gerebelt
½ TL Basilikum, getrocknet
½ TL Chili, gemahlen
Salz
Pfeffer

Außerdem:
Auflaufform für die Heißluftfritteuse

Nährwerte p. P.

269 kcal
33 g Kohlenhydrate
11 g Fett
5 g Eiweiß

1 Kochen Sie den Reis nach Packungsanweisung.

2 Waschen Sie die Paprika und tupfen Sie sie trocken. Schneiden Sie die Deckel der Paprika ab und entfernen Sie die Kerne und die weißen Häute aus dem Inneren und von den Deckeln. Schälen Sie die Zwiebel und den Knoblauch und hacken Sie beides fein. Schneiden Sie die getrockneten Tomaten in feine Würfel.

3 Mischen Sie den Reis mit dem Öl, den Hefeflocken, den Kräutern und dem Tomatenmark. Geben Sie Zwiebeln und Knoblauch sowie Rosinen und getrocknete Tomaten hinzu und schmecken Sie mit Salz und Pfeffer ab.

4 Füllen Sie den Reis in die Paprika und setzen Sie sie in die Form. Backen Sie sie bei 180 °C für 20 Minuten, bis die Paprika weich sind. Setzen Sie die Deckel zur Hälfte der Garzeit auf die gefüllten Paprika und backen Sie diese mit.

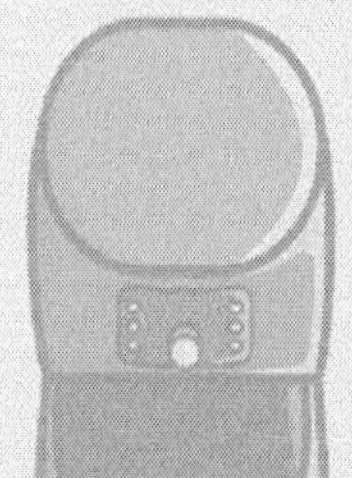

Tipp: Dieses Rezept ist vegan. Wer möchte, kann jedoch zum Ende der Backzeit Mozzarella auf den Reis geben und die Paprika so überbacken.

GEFÜLLTE CHAMPIGNONS

Zutaten

4 große Champignons
75 g Käse (würzig, z. B. Parmesan)
120 g körniger Frischkäse
50 g Walnüsse
½ Bund Petersilie
1 EL Olivenöl
Salz
Pfeffer

Außerdem:
Mörser, Backpapier, Käsereibe

Nährwerte p. P.

215 kcal
3 g Kohlenhydrate
16 g Fett
13 g Eiweiß

1 Legen Sie den Korb der Heißluftfritteuse mit Backpapier aus. Säubern Sie die Pilze. Brechen Sie die Stiele heraus und löffeln Sie vorsichtig die Lamellen und etwas von dem Fruchtfleisch aus den Pilzen. Bepinseln Sie die Außenseiten der Pilze mit Öl und setzen Sie sie auf das Backpapier in den Korb.

2 Waschen Sie die Petersilie und hacken Sie sie fein. Geben Sie die Walnüsse in den Mörser und zerstoßen Sie sie grob. Reiben Sie den Parmesan. Geben Sie den körnigen Frischkäse in eine Schüssel. Geben Sie den Parmesan, die Walnüsse und die gehackte Petersilie hinzu. Schmecken Sie die Füllung mit Salz und Pfeffer ab.

3 Füllen Sie die Mischung in die Pilzköpfe und backen Sie sie bei 200 °C ca. 10 bis 15 Minuten, bis die Füllung goldbraun ist.

Tipp: Servieren Sie die Champignons als Beilage oder verdoppeln Sie das Rezept, um es mit einem Salat als sättigenden Hauptgang zuzubereiten.

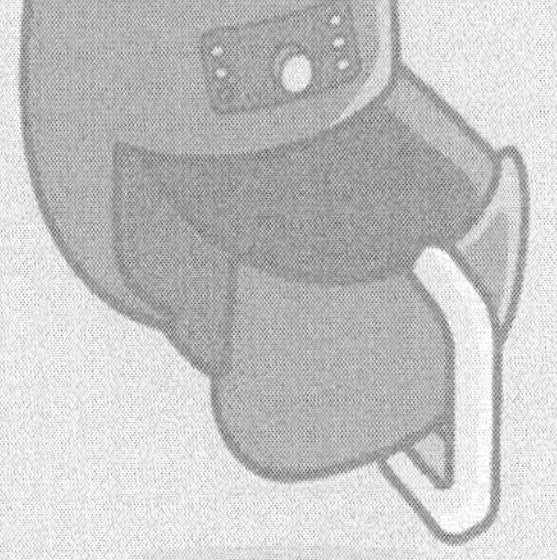 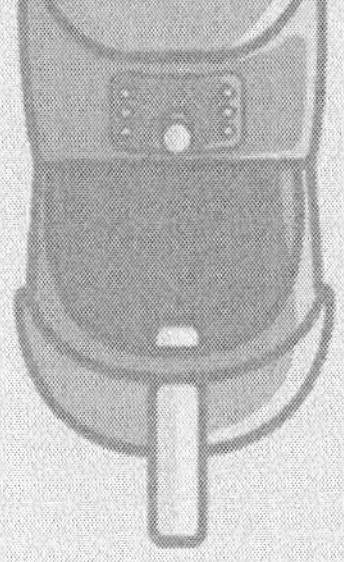 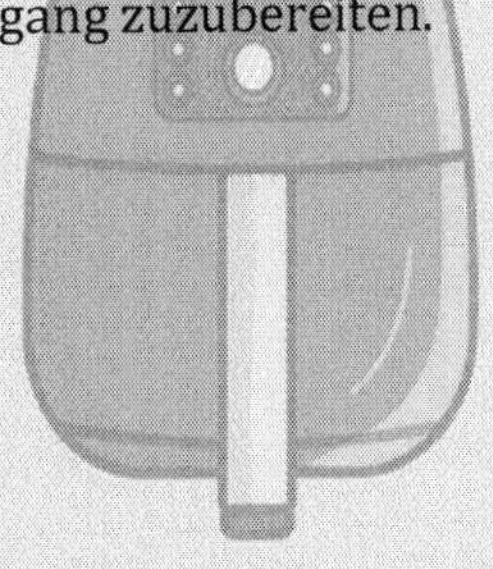

KARTOFFELRÖSTI MIT SPIEGELEI

4 Port.

20 Min.

Leicht

Zutaten

4 Kartoffeln, groß
2 Zwiebeln, klein
1 TL Thymian, getrocknet
½ TL Paprikapulver
2 EL Olivenöl
4 Eier
Salz
Pfeffer
Paprikapulver, gemahlen

Nährwerte p. P.

490 kcal
39 g Kohlenhydrate
28 g Fett
16 g Eiweiß

1 Schälen Sie die Zwiebeln und hacken Sie sie fein. Waschen Sie die Kartoffeln und tupfen Sie sie mit Küchenpapier gründlich trocken. Reiben Sie die Kartoffeln mit der Mandoline fein.

2 Mischen Sie die Kartoffeln mit den gehackten Zwiebeln, dem Paprikapulver und Thymian sowie Salz und Pfeffer nach Geschmack. Geben Sie einen Esslöffel Olivenöl hinzu und verteilen Sie die Masse im Korb der Heißluftfritteuse.

3 Backen Sie die Rösti bei 180 °C für 15 bis 20 Minuten. Rühren Sie die Kartoffelmasse nach den ersten 5 Minuten gründlich durch und drücken Sie sie dann leicht in Form. Die Rösti sind fertig, wenn die Ränder knusprig sind und das Innere weich ist.

4 Erhitzen Sie in der Zwischenzeit das restliche Öl in einer Pfanne. Schlagen Sie die Eier ins Öl und braten Sie sie nach Geschmack, sodass das Eigelb jedoch noch weich bleibt.

5 Vierteln Sie die Rösti und heben Sie sie vorsichtig aus dem Korb. Servieren Sie die Stücke mit je einem Spiegelei und mit Paprikapulver bestreut.

Tipp: Je nach Modell sollten Sie den Korb der Heißluftfritteuse mit etwas Öl einpinseln, damit die Rösti nicht anbacken.

PANIERTER BLUMENKOHL AUF SPINAT

4 Port.

45 Min.

Mittel

Zutaten

1 Blumenkohl
600 g Spinat, frisch
1 Knoblauchzehe
2 Eier
150 g Paniermehl
1 EL Pflanzenöl
Chili, gemahlen
1 TL Paprikapulver
Salz
Pfeffer

Für die Soße:
1 TL Kurkuma, gemahlen
1 EL Essig, hell
1 TL Senf
2 EL Sahne
100 ml Orangensaft
2 EL Pflanzenöl
1 Prise Ingwer, gemahlen
Salz
Pfeffer

Außerdem:
Knoblauchpresse, Schaumkelle

Nährwerte p. P.

373 kcal
44 g Kohlenhydrate
18 g Fett
6 g Eiweiß

1 Putzen Sie den Blumenkohl und brechen Sie die Röschen ab. Schneiden Sie den Strunk in mundgerechte Stücke. Erhitzen Sie Wasser in einem Topf mit etwas Salz. Geben Sie den Blumenkohl ins kochende Wasser und garen Sie ihn darin für 7 Minuten. Gießen Sie das Wasser ab und lassen Sie das Gemüse abtropfen und etwas abkühlen.

2 Bereiten Sie in der Zwischenzeit die Soße zu, indem Sie das Kurkumapulver und das Ingwerpulver sowie Salz und Pfeffer in ein Schraubglas geben. Fügen Sie den Senf, den Saft, und den Essig hinzu und geben Sie das Öl hinein. Verschließen Sie das Glas und schütteln Sie kräftig, bis der Senf aufgelöst ist. Schmecken Sie noch mal mit Salz und der Sahne ab.

3 Stellen Sie zwei tiefe Teller bereit. Geben Sie das Paniermehl in einen Teller. Schlagen Sie die Eier in den zweiten Teller und verquirlen Sie sie mit dem Salz und Pfeffer. Bestreuen Sie den Blumenkohl mit dem Paprikapulver und gemahlener Chili.

4 Wenden Sie jedes Blumenkohlstück zuerst im Ei und dann im Paniermehl. Legen Sie die Stücke so in den Korb der Heißluftfritteuse, dass sie sich nicht berühren. Backen Sie das Gemüse bei 180 °C für 10 Minuten. Wenden Sie die Stücke und backen Sie sie erneut ca. 5 Minuten, bis sie goldbraun sind.

5 Brausen Sie in der Zwischenzeit den Spinat gründlich mit kaltem Wasser ab. Erhitzen Sie das Öl in einem Topf. Schälen Sie den Knoblauch und pressen Sie ihn direkt in das Öl. Geben Sie den feuchten Spinat hinzu und dünsten Sie ihn unter Rühren an, bis er zusammenfällt. Schmecken Sie mit Salz und Pfeffer ab.

6 Servieren Sie den Salat und die heißen Blumenkohlstücke mit der Soße beträufelt.

Tipp: Die Kurkuma-Soße schmeckt auch wunderbar als Dressing auf Salat.

TOFU TERIYAKI

4 Port. 50 Min. Mittel

Zutaten

500 g Tofu
600 g Glasnudeln
1 Glas Mini-Maiskolben
1 Stück Ingwer, ca. 2 cm dick
2 Knoblauchzehen
4 Frühlingszwiebeln
2 EL Sesamsamen
3 EL Sojasoße
1 EL Apfelessig
4 EL Ahornsirup
150 ml Wasser
3 EL Stärke
½ TL Zwiebelpulver
½ TL Knoblauchpulver
½ TL Salz
Pfeffer

Außerdem:
Knoblauchpresse, Reibe, Tofupresse oder schweres Holzbrett und Küchenpapier

Nährwerte p. P.

479 kcal
37 g Kohlenhydrate
26 g Fett
11 g Eiweiß

1 Pressen Sie die Tofublöcke, sodass sie weniger feucht sind. Reißen Sie den Tofu dann in mundgerechte Stücke.

2 Mischen Sie 2 EL der Stärke mit dem Salz, Pfeffer, Knoblauchpulver und Zwiebelpulver. Wenden Sie die Tofustücke in der Mischung, bis alle mit Stärke überzogen sind. Backen Sie den Tofu bei 200 °C für 12 bis 15 Minuten, bis die Stücke knusprig sind.

3 Bereiten Sie in der Zwischenzeit die Glasnudeln nach Packungsanweisung zu.

4 Bereiten Sie auch die Soße vor, indem Sie den Ingwer schälen und reiben und den Knoblauch schälen und pressen. Geben Sie beides in einen weiten Topf. Geben Sie die Sojasoße, den Apfelessig und den Ahornsirup hinzu und kochen Sie die Mischung auf. Rühren Sie die restliche Stärke in 150 ml Wasser ein und gießen Sie die Mischung unter Rühren in den Topf. Lassen Sie die Soße leicht einköcheln.

5 Geben Sie den gebackenen Tofu in die heiße Soße und rühren Sie gründlich um, sodass alle Stücke von der Soße bedeckt sind.

6 Servieren Sie den Tofu auf den Glasnudeln und löffeln Sie die restliche Soße über die Portionen. Legen Sie die Maiskölbchen dazu, bestreuen Sie alles mit Sesam und frisch geschnittener Frühlingszwiebel.

GEBACKENE REISPAPIERPÄCKCHEN

4 Port. 50 Min. Leicht

Zutaten

8 Blätter Reispapier
500 g Tofu
½ Zucchini, gelb
1 Karotte
¼ Kopf Weißkohl
3 EL Pflanzenöl
4 EL Sojasoße
3 EL Ahornsirup
1 + ½ EL Reisessig (alternativ: Apfelessig)
1 TL Knoblauchpulver
1 TL Ingwerpulver
1 Prise Zucker
200 g Reis
Salz
Pfeffer

Außerdem:
Mandoline

Nährwerte p. P.

297 kcal
42 g Kohlenhydrate
9 g Fett
19 g Eiweiß

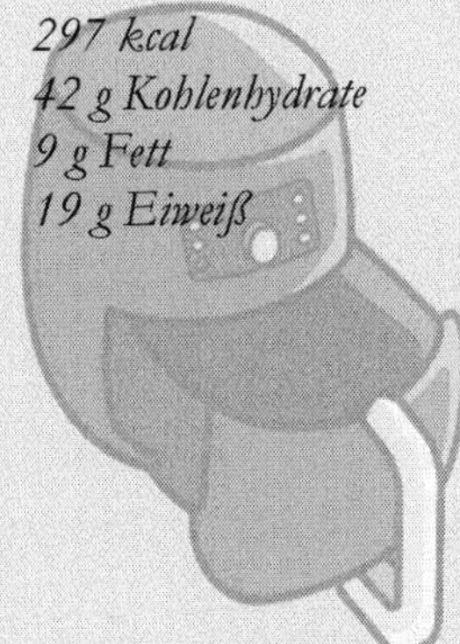

1 Spülen Sie den Reis mit fließendem Wasser ab. Kochen Sie ihn nach Packungsanweisung.

2 Bereiten Sie in der Zwischenzeit die Marinade zu. Mischen Sie dazu den Ahornsirup mit der Sojasoße und einem halben Esslöffel Essig. Geben Sie das Knoblauchpulver, das Ingwerpulver sowie Salz und Pfeffer dazu und mischen Sie alles.

3 Erhitzen Sie das Öl in einer Pfanne. Schneiden Sie den Tofu in Stücke und geben Sie diese in das heiße Öl. Braten Sie die Stücke rundum an, sodass sie goldbraun sind. Gießen Sie nun die Marinade in die Pfanne und mischen Sie alles, sodass die Tofustücke gut bedeckt sind. Braten Sie auf kleiner Flamme weiter, bis die Flüssigkeit dickflüssig geworden ist.

4 Waschen Sie die Karotte, den Kohl und die Zucchini. Entfernen Sie die Strünke und hobeln Sie alles mithilfe der Mandoline in feine Streifen.

5 Schmecken Sie den Reis mit dem restlichen Essig, Salz und etwas Zucker ab. Erhitzen Sie Wasser und gießen Sie es in eine Schüssel. Geben Sie den Sesam in ein Schälchen. Stellen Sie alle Zutaten sowie den Korb der Heißluftfritteuse und einen großen flachen Teller dazu.

6 Geben Sie ein Reispapier für einige Sekunden ins warme Wasser und legen Sie es dann auf den Teller. Füllen Sie Reis, Gemüse und Tofu in die untere Mitte des Reispapiers und klappen Sie dann drei Seiten ein. Rollen Sie das Blatt auf. Dippen Sie die Rolle mit der Oberseite in den Sesam und platzieren Sie es dann mit der Unterseite im Korb der Heißluftfritteuse. Verfahren Sie wie beschrieben mit den restlichen Blättern Reispapier und füllen Sie alle Zutaten hinein.

7 Backen Sie die Päckchen bei 180 °C für 12 Minuten, bis sie knusprig sind. Wenden Sie sie zur Hälfte der Backzeit.

8 Füllen Sie die restliche Marinade aus der Pfanne in ein Dip-Schälchen und streuen Sie den Sesam hinein, der übrig geblieben ist. Servieren Sie die Soße mit den Reispapier-Päckchen zum Dippen.

AUBERGINEN-BURGER MIT CURRY-MAYONNAISE

4 Port.

50 Min.

Leicht

Zutaten

Für den Burger:

1 Avocado, reif
1 Aubergine
1 Tomate
4 Zwiebeln
4 Salatblätter
4 Burger-Brötchen
4 EL Olivenöl
Salz
Pfeffer

Für die Curry-Mayo:

1 TL Currypulver
3 Eier
200 ml Pflanzenöl
1 EL Senf
1 EL Zitronensaft
Salz
Pfeffer, weiß

Nährwerte p. P.

740 kcal
4 g Kohlenhydrate
80 g Fett
1 g Eiweiß

1 Waschen Sie die Aubergine und die Tomate sowie die Salatblätter und tupfen Sie alles mit Küchenpapier trocken. Schneiden Sie die Tomate in Scheiben und stellen Sie Salat und Tomate zur Seite. Schneiden Sie die Aubergine in vier dicke Scheiben. Bepinseln Sie die Scheiben von beiden Seiten mit ca. 3 EL Öl und bestreuen Sie sie mit Salz und Pfeffer. Geben Sie die Auberginenscheiben in den Korb der Heißluftfritteuse und backen Sie sie darin bei 180 °C für 10 bis 15 Minuten, bis sie weich und leicht gebräunt sind. Wenden Sie die Scheiben währenddessen.

2 Bereiten Sie in der Zwischenzeit die Mayonnaise vor, indem Sie die Eier trennen. Geben Sie die Eigelbe in ein hohes Rührgefäß. Verwenden Sie das Eiweiß anderweitig. Geben Sie den Senf und das Currypulver zum Eigelb und beginnen Sie, mit dem Stabmixer zu rühren. Geben Sie unter Rühren löffelweise das Pflanzenöl hinzu. So entsteht eine cremige Mayonnaise. Schmecken Sie mit Senf, Zitronensaft sowie Salz und weißem Pfeffer ab.

3 Halbieren Sie die Avocado und entfernen Sie den Kern. Schälen Sie das Fruchtfleisch und schneiden Sie es in Scheiben.

4 Schälen Sie die Zwiebel und schneiden Sie sie in Scheiben. Braten Sie die Zwiebelringe in einem Teelöffel des Öls knusprig an. Schneiden Sie die Brötchen auf und legen Sie sie mit der Schnittfläche in die Pfanne, um sie leicht zu toasten und zu erwärmen.

5 Belegen Sie die Unterseite der Brötchen mit dem Salat, Tomatenscheiben, einer Aubergine, gebratenen Zwiebeln und der Mayonnaise. Legen Sie die Oberseite des Brötchens obendrauf.

Tipp: Zum selbst gemachten Burger aus Auberginen passen natürlich auch Kartoffelecken aus der Heißluftfritteuse. Eine Anleitung dazu finden Sie im Rezept „Backfisch im Bierteig mit Kartoffelspalten".

GEBACKENE RADIESCHEN MIT GRILLKÄSE

 4 Port.  20 Min.  Leicht

Zutaten

500 g Radieschen mit Grün
2 Grillkäse
1 EL Pflanzenöl
2 EL Olivenöl
Salz
Pfeffer

Für den Dip:
Grün der Radieschen (siehe oben)
1 Knoblauchzehe
150 g Quark
100 g Frischkäse
Salz
Pfeffer

Nährwerte p. P.

469 kcal
6 g Kohlenhydrate
38 g Fett
24 g Eiweiß

1 Waschen Sie die Radieschen und trocknen Sie sie gründlich ab. Entfernen Sie das Grün und legen Sie die Knollen für später zur Seite. Verlesen Sie die Blätter und geben Sie sie in ein hohes, schmales Gefäß. Schälen Sie den Knoblauch und geben Sie ihn dazu. Pürieren Sie die Zutaten, bis eine feine Paste entsteht.

2 Mischen Sie die grüne Paste mit dem Quark und dem Frischkäse. Schmecken Sie mit Salz und Pfeffer ab und stellen Sie den Dip bis zum Servieren kalt.

3 Vierteln Sie die Knollen und geben Sie sie mit dem Öl in eine Schüssel. Wenden Sie sie in einem Esslöffel Pflanzenöl und bestreuen Sie sie mit Salz und Pfeffer. Geben Sie die Radieschen dann in den Korb der Heißluftfritteuse. Backen Sie sie bei 190 °C für 8 bis 12 Minuten, bis sie leicht knusprig sind.

4 Erhitzen Sie in der Zwischenzeit das Olivenöl in einer Pfanne. Schneiden Sie die Grillkäse in Streifen und braten Sie diese darin von allen Seiten goldbraun an.

5 Servieren Sie den Grillkäse und die Radieschen mit einem Klecks Dip.

Tipp: Auch wenn Radieschen eine ungewöhnliche Zutat sind, ist dieses Gericht mit den rosa Knollen und dem hellgrünen Dip nicht nur lecker, sondern auch sehr hübsch anzusehen.

OFENREIS MIT ERBSEN, MÖHREN UND WALNÜSSEN

4 Port.

40 Min.

Leicht

Zutaten

300 g Reis
2 Karotten, groß
1 große Tomate (zum Beispiel Ochsenherz)
1 Zwiebel
200 g Erbsen, tiefgekühlt
4 EL Oliven, schwarz
50 g Walnüsse
1 Zitrone
2 Frühlingszwiebeln
3 EL Tomatenmark
750 ml Wasser
2 EL Gemüsebrühe
3 EL Olivenöl
250 g Joghurt
1 TL Paprikapulver
1 TL Majoran, gerebelt
1 TL Oregano, gerebelt
1 TL Salz
Pfeffer

Außerdem:
Mörser, ofenfeste Form für die Heißluftfritteuse

Nährwerte p. P.

432 kcal
41 g Kohlenhydrate
23 g Fett
12 g Eiweiß

1 Bringen Sie das Wasser zum Kochen. Bereiten Sie mit dem Wasser und der gekörnten Brühe eine flüssige Brühe zu. Schälen Sie die Zwiebel und würfeln Sie sie fein. Waschen Sie die Tomate und die Karotte und schneiden Sie beides in Würfel. Waschen Sie die Zitrone heiß ab.

2 Erhitzen Sie das Olivenöl in einer Pfanne und geben Sie die Zwiebeln hinein. Schwitzen Sie sie kurz an und geben Sie dann das Tomatenmark, die Karotten und den Reis hinzu. Streuen Sie die Gewürze in die Pfanne. Hobeln Sie etwas von der Schale der Zitrone direkt in die Pfanne. Lassen Sie die Mischung kurz braten und geben Sie dann die Erbsen, die Tomaten und die Oliven dazu und löschen Sie mit der Gemüsebrühe ab.

3 Geben Sie die Mischung in die Auflaufform, die für Ihre Heißluftfritteuse geeignet ist. Backen Sie die Mischung bei 170 °C ca. 20 Minuten. Rühren Sie den Reis dann um und testen Sie die Garung an den Karotten und am Reis. Streuen Sie die Walnüsse auf den Reis und backen Sie ihn erneut für 5 bis 10 Minuten.

4 Pressen Sie in der Zwischenzeit die Zitrone aus. Putzen Sie die Frühlingszwiebeln und schneiden Sie sie in feine Ringe. Mischen Sie den Zitronensaft mit dem Joghurt und den Frühlingszwiebeln und schmecken Sie ihn mit Salz und Pfeffer ab.

Snacks und leckere Kleinigkeiten

Snacks und Fast Food sind ein Heimspiel für die Heißluftfritteuse. Sie finden Rezepte für verschiedenste Chips, von klassischen Kartoffelchips über Gemüsechips bis hin zu Chips aus Obst. Kombinieren Sie diese mit leckeren selbst gemachten Dips aus dem Kapitel „Dips und Butter" für eine Zwischenmahlzeit, die nicht nur hausgemacht, sondern trotzdem absolut jede Sünde wert ist.

Die amerikanischen Klassiker aus Kartoffelschalen, Potato Skins, gibt es für Sie mit Speck und in der veganen Version. Sie sind eine tolle Idee, um alles an der Kartoffel zu nutzen.

Außerdem erwarten Sie leckere Kleinigkeiten wie unter anderem Pimientos de Padrón, ganz pur mit etwas Salz, heiße Maroni für kalte Wintertage und Popcorn süß und salzig.

HEIẞE MARONI

4 Port. 30 Min. Mittel

Zutaten

4 Handvoll Esskastanien (ca. 40 Stück)
Etwas Salz

Außerdem:
ein scharfes Messer

Nährwerte p. P.

364 kcal
70 g Kohlenhydrate
4 g Fett
4 g Eiweiß

1 Verlesen Sie die Esskastanien und sortieren Sie dabei diejenigen aus, die Wurmlöcher aufweisen. Schneiden Sie die Kastanienhaut vorsichtig mit einem langen Schnitt quer und mit einem kurzen Schnitt längs auf.

2 Heizen Sie die Heißluftfritteuse auf 200 °C vor.

3 Legen Sie die Maroni in den Korb der Heißluftfritteuse und bestreuen Sie sie mit etwas Salz. Rösten Sie die Kastanien für 10 Minuten, bis sie heiß sind und die eingeschnittene Schale sich aufrollt.

4 Servieren Sie die Kastanien gleich heiß und schälen Sie sie vorsichtig vor dem Essen ab.

Tipp: Esskastanien können Sie im Herbst im Supermarkt kaufen oder selbst sammeln. Esskastanien sehen anders aus als die allseits bekannten normalen Kastanien (Rosskastanien), die leicht giftig sind.

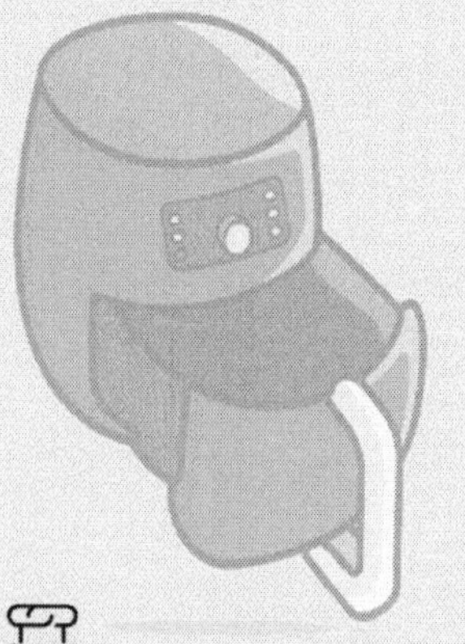 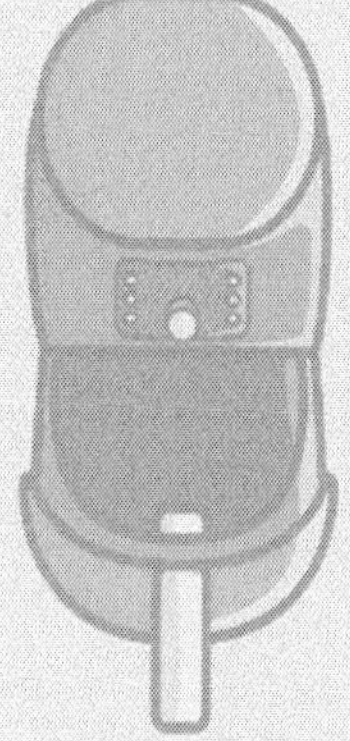 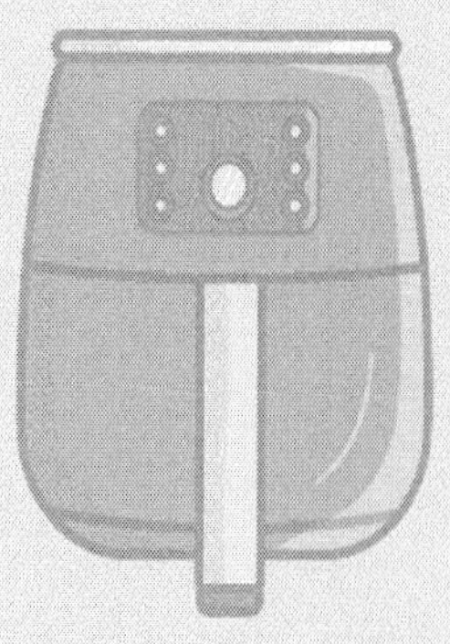

PIMIENTOS DE PADRON | BRATPAPRIKA

2 Port. 12 Min. Leicht

Zutaten

200 g Pimientos de Padrón
2 EL Olivenöl
1 TL grobes Meersalz

Nährwerte p. P.

156 kcal
3 g Kohlenhydrate
15 g Fett
1 g Eiweiß

1 Waschen Sie die kleinen Paprika mit kaltem Wasser gründlich ab und tupfen Sie sie mit Küchenpapier trocken.

2 Geben Sie die Bratpaprika mit dem Olivenöl und dem Salz in eine Schüssel und wenden Sie sie, bis alle Paprika mit dem Öl bedeckt sind und das Salz gleichmäßig verteilt ist.

3 Geben Sie die Pimientos de Padrón in den Bratkorb der Heißluftfritteuse und braten Sie sie darin bei 200 °C für ca. 10 Minuten, bis das Gemüse leicht gebräunt wird.

Tipp: Pimientos de Padrón ist die Bezeichnung für eine bestimmte Art kleiner grüner Paprika. Sie finden sie mittlerweile oft im heimischen Supermarkt und können diese auch roh essen.

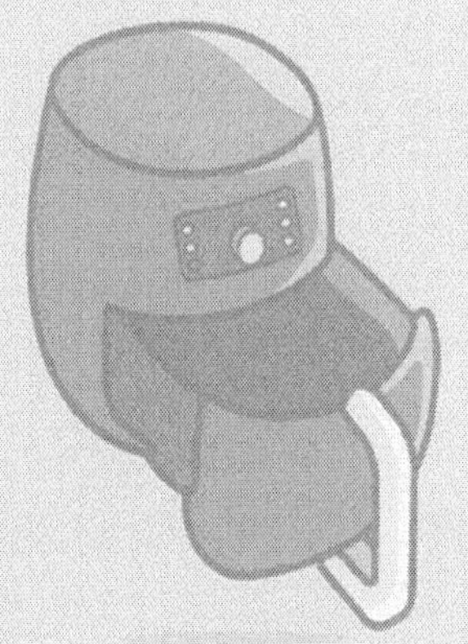
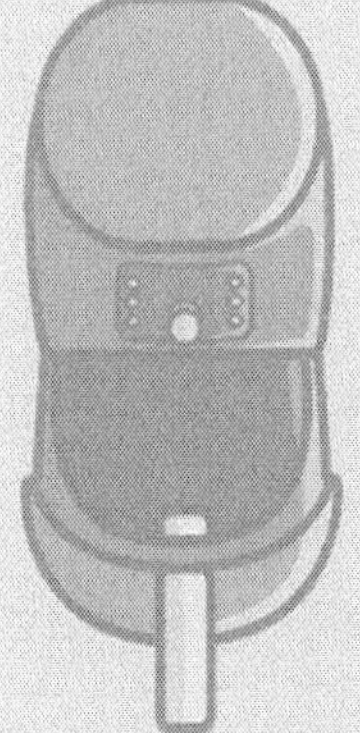
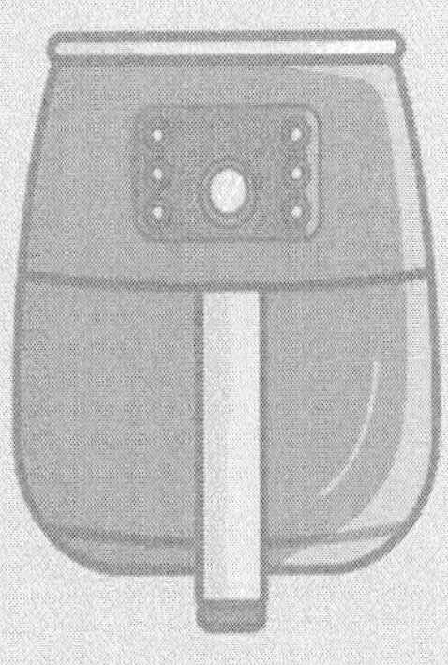

GRUNDREZEPT: POTATO SKINS KLASSISCH

4 Port.

60 Min.

Mittel

Zutaten

2 sehr große Kartoffeln, vorwiegend festkochend
½ EL Olivenöl
2 Frühlingszwiebeln
100 g Käse (z. B. würziger Cheddar oder Gruyère)
4 Scheiben Frühstücksspeck
Salz

Für den Dip:
200 g Magerquark
150 g Schmand
½ Bund Schnittlauch
Salz
Pfeffer

Außerdem:
Käsereibe

Nährwerte p. P.

651 kcal
15 g Kohlenhydrate
47 g Fett
41 g Eiweiß

1 Waschen Sie die Kartoffeln und bürsten Sie sie dabei gründlich ab. Trocknen Sie die Kartoffeln, stechen Sie sie rundum mit einer Gabel mehrmals ein und reiben Sie sie dann mit einem halben Esslöffel des Öls ein. Bestreuen Sie die Kartoffeln rundum mit Salz und legen Sie sie in den Korb der Heißluftfritteuse. Backen Sie die Kartoffeln für 35 bis 45 Minuten bei 180 °C, bis sie weich sind.

2 Lassen Sie die Kartoffeln abkühlen. Waschen Sie währenddessen die Frühlingszwiebeln und schneiden Sie sie in feine Ringe. Legen Sie den Speck in den Korb der Heißluftfritteuse und backen Sie ihn darin bei 180 °C für 5 bis 10 Minuten, bis er knusprig ist. Lassen Sie ihn auf Küchenpapier abkühlen.

3 Halbieren Sie die Kartoffeln. Kratzen Sie die Hälften mit einem Löffel aus und verwenden Sie das Innere anderweitig.

4 Reiben Sie den Käse und verteilen Sie ihn mit den Frühlingszwiebeln in den Kartoffelschalen. Zerkrümeln Sie den Speck und verteilen Sie ihn ebenfalls in den Kartoffelschalen. Backen Sie die Potato Skins nun nochmals bei 180 °C für ca. 10 bis 15 Minuten, bis der Käse geschmolzen ist.

5 Bereiten Sie in der Zwischenzeit den Dip vor, indem Sie den Magerquark mit der sauren Sahne verrühren. Waschen Sie den Schnittlauch und tupfen Sie ihn trocken. Schneiden Sie ihn in feine Ringe und mischen Sie ihn unter die Creme. Schmecken Sie mit Salz und Pfeffer ab. Servieren Sie die Kartoffelschalen mit dem Dip.

Tipp: Verwenden Sie das Innere der ausgehöhlten Kartoffelschalen als Basis für ein würziges Kartoffelpüree im zweiten Gang.

POTATO SKINS VEGAN

4 Port.

60 Min.

Mittel

Zutaten

2 sehr große Kartoffeln, vorwiegend festkochend
2 Knoblauchzehen
150 g Tofu, geräuchert
½ EL Olivenöl
2 Frühlingszwiebeln
150 g Käse (vegan)
1 TL Pflanzenöl
Salz

Für den Dip:
1 Avocado, reif
Salz
Pfeffer
Chili, gemahlen

Nährwerte p. P.

601 kcal
15 g Kohlenhydrate
39 g Fett
35 g Eiweiß

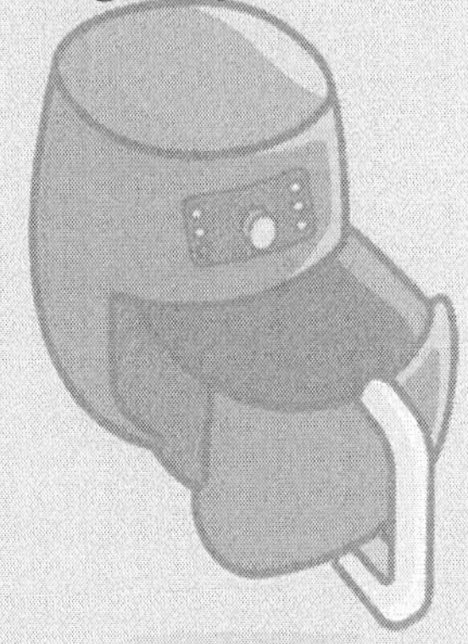

1 Waschen Sie die Kartoffeln und bürsten Sie sie dabei gründlich ab. Trocknen Sie die Kartoffeln, stechen Sie sie rundum mit einer Gabel mehrmals ein und reiben Sie sie dann mit dem Olivenöl ein. Bestreuen Sie die Kartoffeln rundum mit Salz und legen Sie sie in den Korb der Heißluftfritteuse. Backen Sie die Kartoffeln für 35 bis 45 Minuten bei 180 °C, bis sie innen weich sind.

2 Würfeln Sie den Tofu und schälen Sie den Knoblauch in der Zwischenzeit. Lassen Sie die Kartoffeln auf einem Teller abkühlen und geben Sie Knoblauch und Tofu in die Heißluftfritteuse. Backen Sie beides bei 180 °C für 5 bis 10 Minuten, bis der Knoblauch weich und der Tofu leicht knusprig ist.

3 Waschen Sie die Frühlingszwiebeln und schneiden Sie sie in feine Ringe. Halbieren Sie die Kartoffeln. Kratzen Sie die Hälften mit einem Löffel aus und verwenden Sie das Innere anderweitig.

4 Vermengen Sie den veganen Käse mit dem Pflanzenöl und verteilen Sie ihn mit den Frühlingszwiebeln in den Kartoffelschalen. Geben Sie den knusprigen Tofu obendrauf.

5 Backen Sie die Potato Skins nun nochmals bei 180 °C für ca. 10 bis 15 Minuten, bis der Käse geschmolzen ist.

6 Bereiten Sie in der Zwischenzeit den Dip vor, indem Sie die Avocado halbieren und entkernen. Löffeln Sie das Innere aus und geben Sie es mit dem gebackenen Knoblauch in eine Schüssel. Zerdrücken Sie beides fein und schmecken Sie mit gemahlener Chili, Salz und Pfeffer ab. Servieren Sie die Kartoffelschalen mit dem Dip.

GERÖSTETE KICHERERBSEN

2 Port.

30 Min.

Mittel

Zutaten

1 Dose Kichererbsen
1 EL Olivenöl
½ TL Salz

Nach Geschmack:
Paprikapulver
Pfeffer
Knoblauchpulver
Chiliflocken
Kreuzkümmel
Koriander, gemahlen

Nährwerte p. P.

247 kcal
27 g Kohlenhydrate
11 g Fett
10 g Eiweiß

1 Gießen Sie die Kichererbsen ab und lassen Sie sie in einem Sieb abtropfen.

2 Geben Sie die Kichererbsen in eine Schüssel. Geben Sie das Olivenöl, das Salz und die Gewürze hinzu und mischen Sie alles gut durch, bis die Kichererbsen mit der Würze bedeckt sind.

3 Geben Sie die Kichererbsen in den Korb der Heißluftfritteuse. Backen Sie sie bei 190 °C für ca. 20 Minuten. Schütteln Sie die Kichererbsen währenddessen mehrmals, damit sie gleichmäßig gegart werden.

Tipp: Die gerösteten Kichererbsen sind ein toller gesunder Snack für Partys oder den Fernsehabend. Wählen Sie Ihre Gewürzmischung nach eigener Vorliebe. Lecker ist auch eine Würzmischung mit Currypulver oder braunem Zucker und viel Chili.

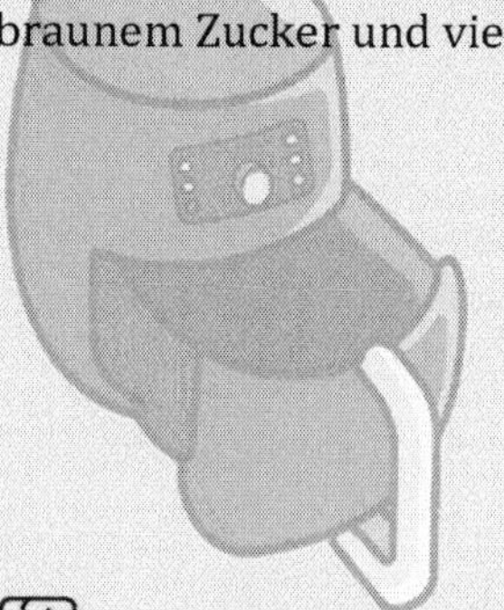

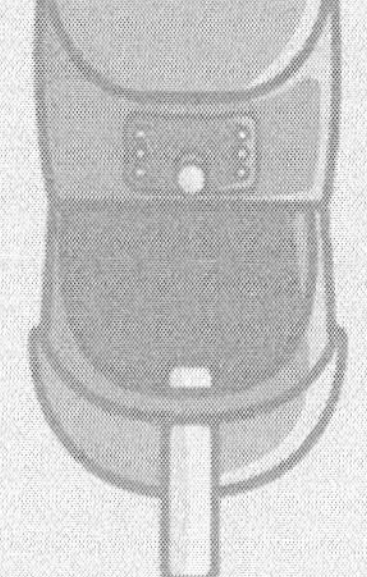

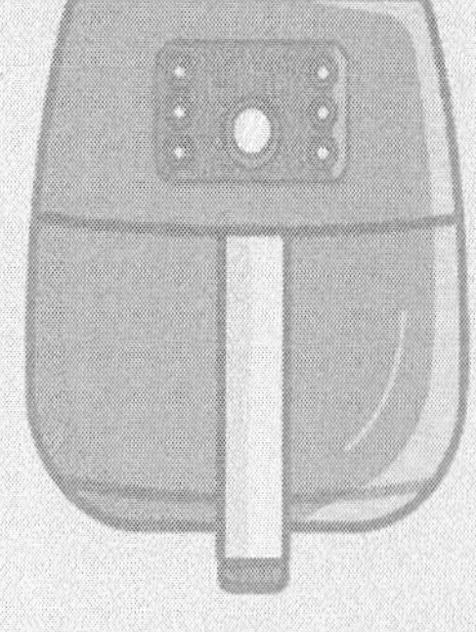

GRUNDREZEPT: CHIPS

4 Port.

35 Min.

Leicht

Zutaten

300 g Kartoffeln, vorwiegend festkochend
1 EL Öl
1 TL Salz
1 TL Rosmarin, gerebelt
1 TL Thymian, gerebelt
¼ TL Zwiebelpulver

Außerdem:
Gemüsehobel bzw. Mandoline

Nährwerte p. P.

91 kcal
14 g Kohlenhydrate
4 g Fett
2 g Eiweiß

1 Waschen Sie die Kartoffeln, hobeln Sie sie in sehr dünne Scheiben und geben Sie sie in eine Schüssel. Geben Sie kaltes Wasser auf die gehobelten Kartoffeln und lassen Sie sie darin 20 Minuten einweichen.

2 Gießen Sie das Wasser ab und tupfen Sie die Scheiben gründlich mit Küchenpapier trocken. Geben Sie die Gewürze und das Öl zu den Kartoffeln und mischen Sie alles gründlich, sodass die einzelnen Scheiben mit Gewürzen bedeckt sind.

3 Legen Sie die Kartoffelscheiben in den Korb der Heißluftfritteuse, sodass der Boden bedeckt ist, sich die Scheiben jedoch nicht zu sehr überlappen. Rösten Sie die Kartoffeln bei 180 °C für ca. 10 Minuten, bis sie die gewünschte Bräunung erreicht haben und knusprig sind. Lassen Sie die Chips auf einem Gitter auskühlen.

4 Fahren Sie in der Zwischenzeit mit den restlichen Kartoffelscheiben fort, sie zu backen, wie in Schritt 4 beschrieben.

Tipp: Statt Rosmarinchips können Sie natürlich kreativ werden und jegliche Gewürzmischung verwenden. Süßes und geräuchertes Paprikapulver, Knoblauchpulver und Chili sind eine tolle Alternative.

GEMÜSECHIPS

4 Port. 35 Min. Leicht

Zutaten

100 g Süßkartoffel
100 g Karotte
100 g Rote Bete
1 EL Öl
1 TL Salz
1 TL Kräuter der Provence
½ TL Knoblauchpulver
¼ TL Zwiebelpulver

Außerdem:
Gemüsehobel bzw. Mandoline

Nährwerte p. P.

90 kcal
13 g Kohlenhydrate
4 g Fett
2 g Eiweiß

1 Schälen Sie die Süßkartoffel und die Rote Bete. Waschen Sie die Karotte. Hobeln Sie die drei Sorten Gemüse in sehr dünne Scheiben und geben Sie sie in eine Schüssel. Geben Sie kaltes Wasser auf das Gemüse und lassen Sie es darin 20 Minuten einweichen.

2 Gießen Sie das Wasser ab und tupfen Sie die Scheiben gründlich mit Küchenpapier trocken. Geben Sie die Gewürze und das Öl zu den Kartoffeln und mischen Sie alles gründlich, sodass die einzelnen Scheiben mit Gewürzen bedeckt sind.

3 Legen Sie die Gemüsescheiben in den Korb der Heißluftfritteuse, sodass der Boden bedeckt ist, sich die Scheiben jedoch nicht zu sehr überlappen. Rösten Sie die Chips bei 180 °C für ca. 10 Minuten, bis sie die gewünschte Bräunung erreicht haben und knusprig sind. Lassen Sie die Chips auf einem Gitter auskühlen.

4 Fahren Sie in der Zwischenzeit mit den restlichen Gemüsescheiben fort, sie zu backen, wie in Schritt 4 beschrieben.

Tipp: Nutzen Sie bei der Verarbeitung der Roten Bete am besten Handschuhe, da diese in rohem Zustand sehr färbend ist.

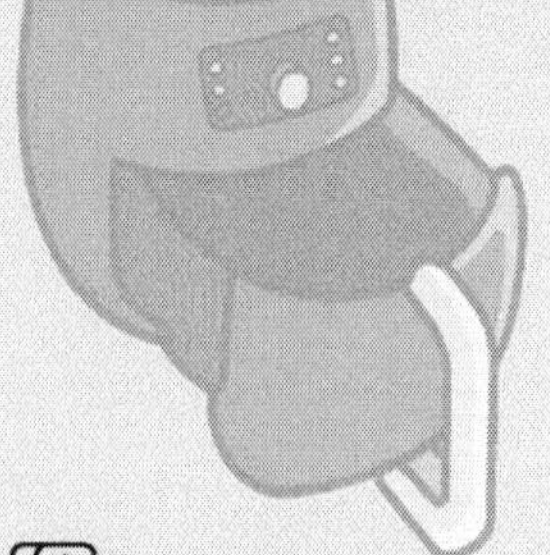
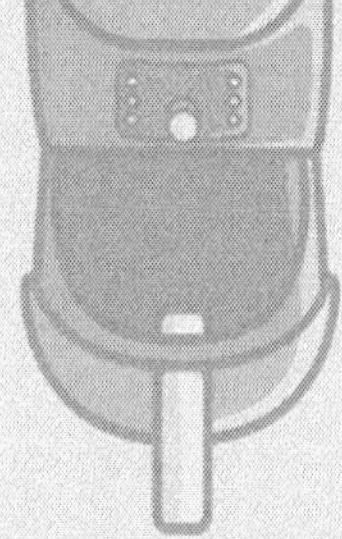
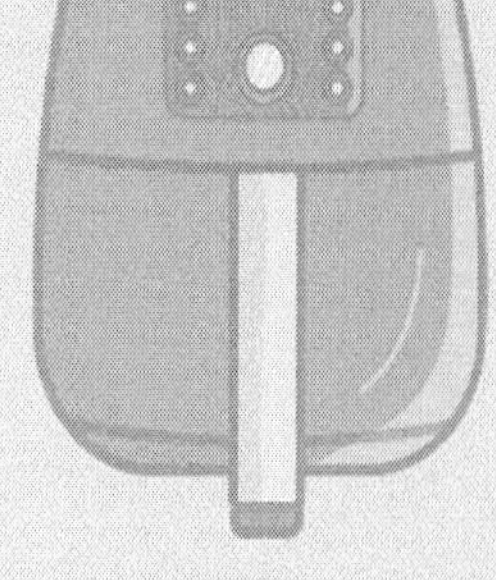

BANANENCHIPS

4 Port.

35 Min.

Leicht

Zutaten

3 Bananen
1 EL Zitronensaft

Nährwerte p. P.

91 kcal
14 g Kohlenhydrate
4 g Fett
2 g Eiweiß

1 Schälen Sie die Bananen und schneiden Sie sie quer in möglichst dünne Scheiben.

2 Beträufeln Sie die Scheiben mit Zitronensaft und legen Sie sie in den Korb der Heißluftfritteuse, sodass der Boden bedeckt ist, sich die Scheiben jedoch nicht überlappen. Rösten Sie die Chips bei 180 °C für ca. 10 Minuten, bis sie die gewünschte Bräunung erreicht haben und knusprig sind. Lassen Sie die Chips auf einem Gitter auskühlen.

3 Fahren Sie in der Zwischenzeit mit den restlichen Bananenscheiben fort, sie zu backen, wie in Schritt 4 beschrieben.

Tipp: Die Bananenchips schmecken nicht nur pur, sondern auch fein gewürzt. Probieren Sie die salzige Variante mit grobem Meersalz und Chilipulver und die süße Variante mit Zimt und braunem Zucker aus.

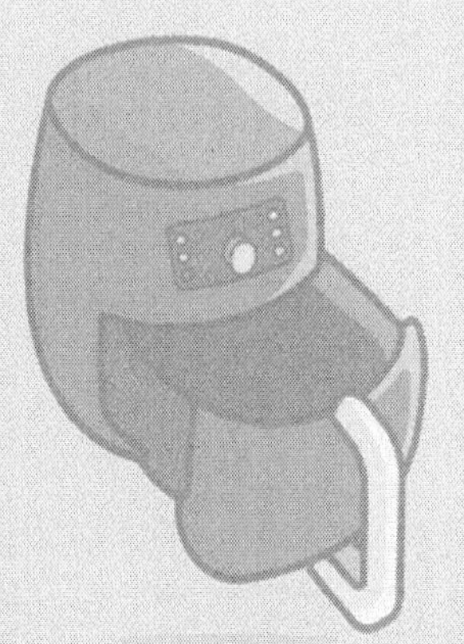
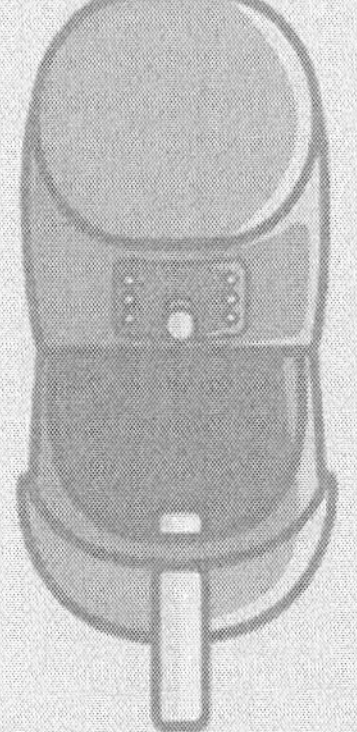
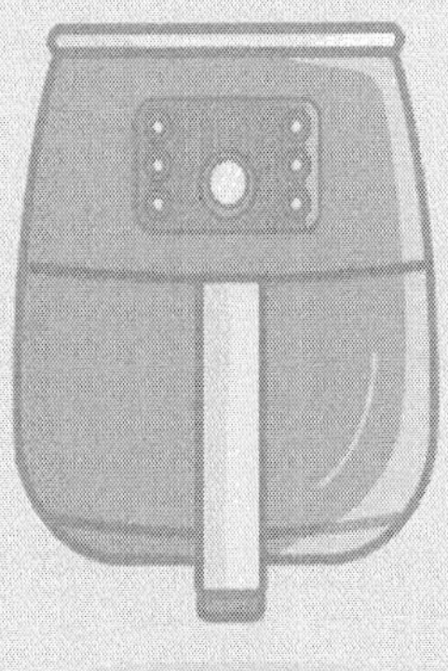

APFELCHIPS

4 Port. 3 Std. Leicht

Zutaten

4 Äpfel
1 EL Zitronensaft
½ TL Zimt

Außerdem:
Gemüsehobel bzw. Mandoline, Apfelausstecher

Nährwerte p. P.

72 kcal
16 g Kohlenhydrate
1 g Fett
1 g Eiweiß

1 Waschen Sie die Äpfel und entkernen Sie sie. Hobeln Sie das Obst in sehr dünne Scheiben und geben Sie es in eine Schüssel. Geben Sie den Zitronensaft und den Zimt hinzu und vermengen Sie ihn mit den Apfelscheiben.

2 Legen Sie die Apfelscheiben in den Korb der Heißluftfritteuse, sodass der Boden bedeckt ist, sich die Scheiben jedoch nicht zu sehr überlappen. Backen Sie die Chips bei 120 °C für ca. 60 Minuten, bis sie die gewünschte Bräunung erreicht haben und knusprig sind. Lassen Sie die Chips auf einem Gitter auskühlen.

3 Fahren Sie in der Zwischenzeit mit den restlichen Apfelscheiben fort, sie zu backen, wie in Schritt 4 beschrieben.

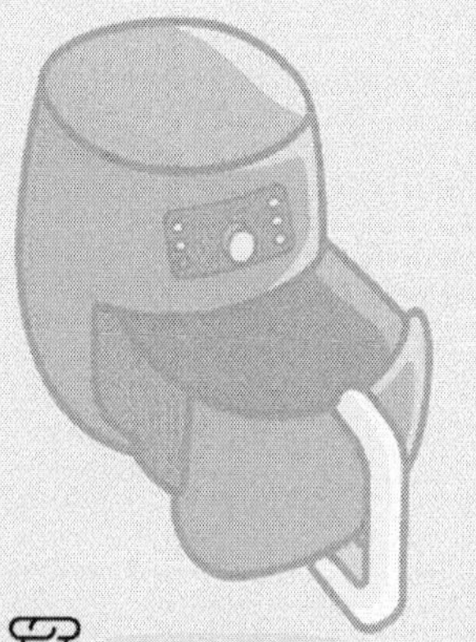 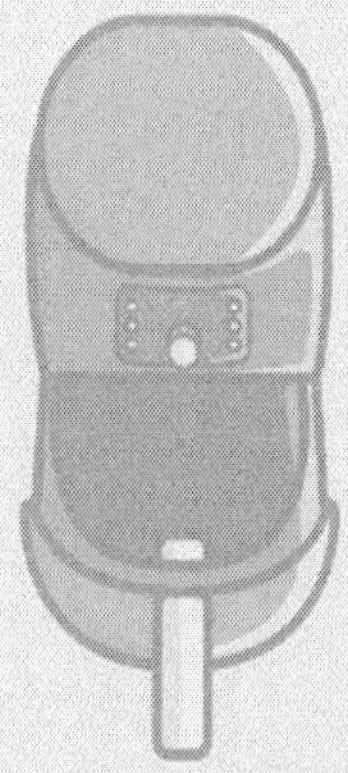 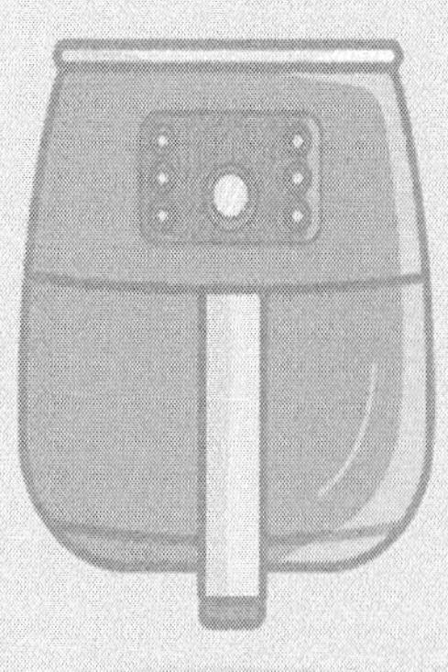

GERÖSTETE HASELNÜSSE

2 Port.

15 Min.

Leicht

Zutaten

200 g Haselnüsse

Nach Geschmack:
Puderzucker
Zimt
Kakaopulver

Nährwerte p. P.

340 kcal
18 g Kohlenhydrate
32 g Fett
9 g Eiweiß

1 Geben Sie die Haselnüsse in den Korb der Heißluftfritteuse. Backen Sie sie bei 190 °C für ca. 10 Minuten. Schütteln Sie die Nüsse währenddessen mehrmals, damit sie gleichmäßig geröstet werden.

2 Geben Sie die Nüsse in eine Schüssel und bestreuen Sie sie mit etwas Puderzucker, Kakao und Zimt.

Tipp: Geröstete Haselnüsse schmecken wunderbar als Snack. Jedoch können Sie die Nüsse auch zubereiten und sie im Anschluss nicht würzen, sondern hacken oder fein mahlen, um sie dann in Backrezepten zu verwenden.

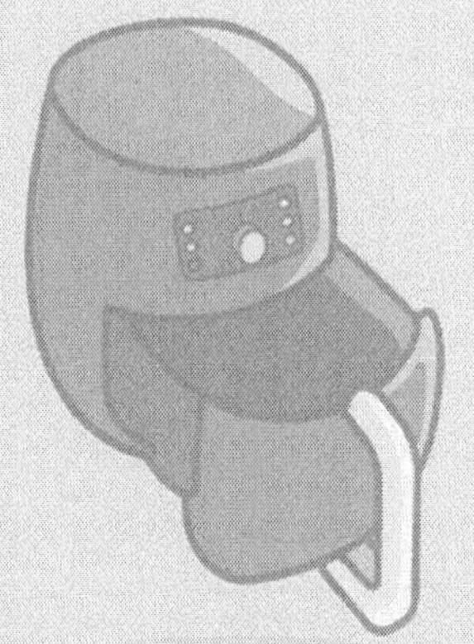

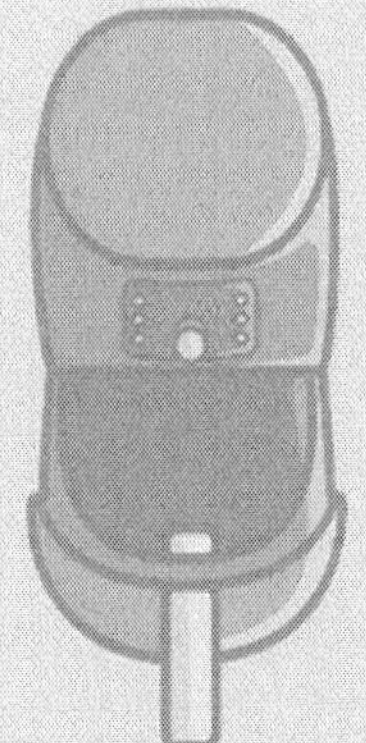

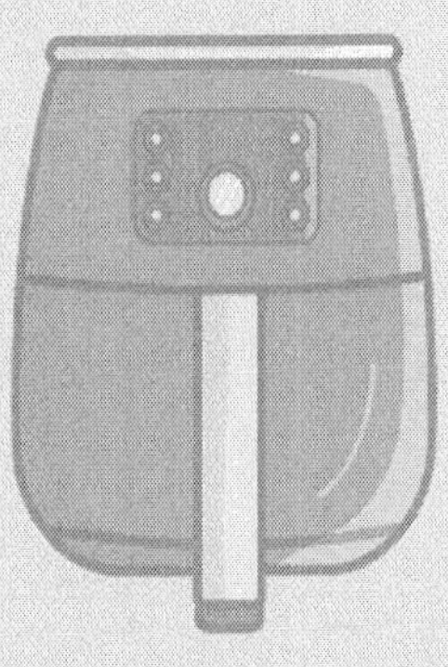

POPCORN SÜß UND SALZIG

4 Port. 25 Min. Leicht

Zutaten

100 g Popcorn-Mais

Für das süße Popcorn:
1 EL Butter
3 EL Zucker

Für das salzige Popcorn:
½ TL Knoblauchpulver
1 TL Salz

Nährwerte p. P.

184 kcal
33 g Kohlenhydrate
5 g Fett
2 g Eiweiß

1 Geben Sie die Hälfte des Popcorns in den Korb der Heißluftfritteuse. Stellen Sie die Heißluftfritteuse auf 200 °C und lassen Sie das Popcorn für 5 bis 10 Minuten aufpoppen. Öffnen Sie die Heißluftfritteuse erst, wenn keine Geräusche mehr zu hören sind.

2 Erhitzen Sie in der Zwischenzeit die Butter in einem größeren Topf auf niedriger Stufe. Rühren Sie den Zucker hinein. Geben Sie das fertige Popcorn in den Topf und stellen Sie die Hitze höher. Lassen Sie den Zucker unter Rühren karamellisieren. Geben Sie das fertige Popcorn in eine Schüssel.

3 Wiederholen Sie Schritt 1 mit dem restlichen Popcorn. Bestreuen Sie das Popcorn mit dem Salz und dem Knoblauchpulver und mischen Sie es gründlich unter.

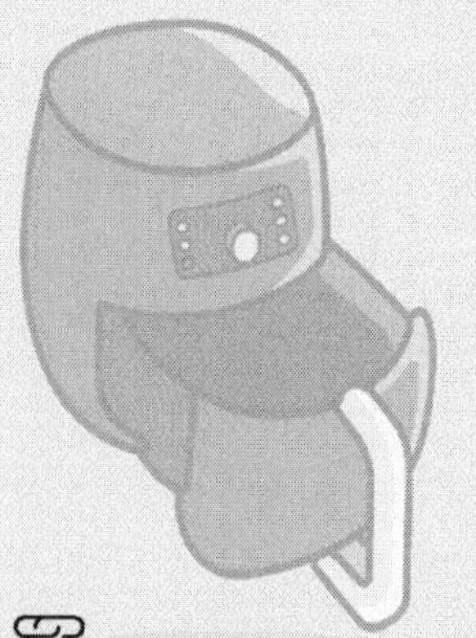
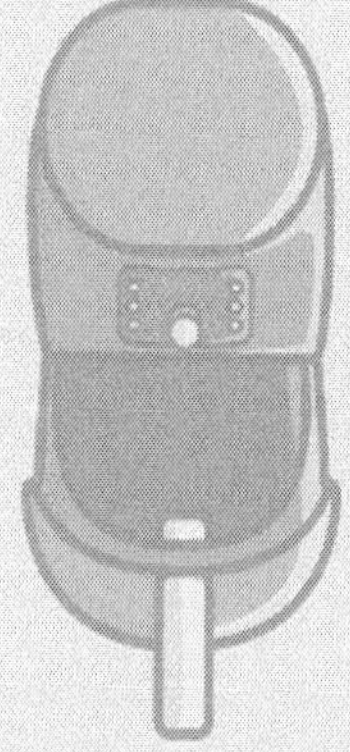
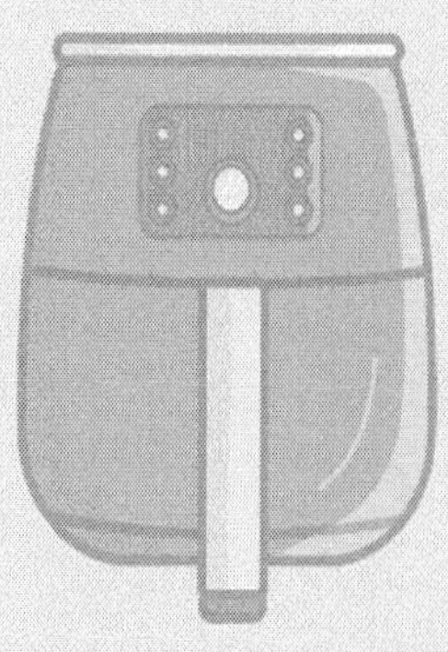

Dips und Butter

Mit ein paar leckeren Dips kann man nie viel falsch machen, egal ob für Gäste, als Vorspeise oder beim Fernsehabend. Und da die Heißluftfritteuse allgemein sehr praktisch ist, um Snacks und Fast Food zuzubereiten, geben wir Ihnen hier ein paar Rezepte mit, um die vorgefertigten Snacks in Dips zu bereichern, die voller Gemüse stecken und schnell selbst gemacht sind.

Hummus mit gerösteter Paprika und Ajvar sind perfekt für Paprikaliebhaber. Das Zwiebelmus und der Blumenkohl-Käse-Dip sind reichhaltig und cremig und lassen sofort vergessen, dass viel Gemüse in ihnen steckt. Sie sind perfekt für Nachos oder frisches Baguette.

Und als besondere Ergänzung in Ihrer Küche finden Sie Rindermarkbutter sowie die vegane Haselnussbutter, die Sie über Gemüse, Fleisch oder Reis geben können und die noch dazu sehr gesund sind, da sie viele Vitamine und Nährstoffe enthalten.

Einer Snackplatte mit Rohkost und Chips mit aufregenden selbst gemachten Dips steht nun also dank der Heißluftfritteuse nichts mehr im Wege.

RINDERMARKBUTTER

15 Port.

45 Min.

Mittel

Zutaten

500 g Rindermarkknochen
250 g Butter, weich
1 TL Salz

Außerdem:
Handmixer

Nährwerte p. P.

153 kcal
1 g Kohlenhydrate
17 g Fett
1 g Eiweiß

1 Legen Sie die Rindermarkknochen in den Korb der Heißluftfritteuse. Stellen Sie sie auf 160 °C und rösten Sie die Knochen ca. 30 Minuten, bis das Mark leicht gebräunt ist.

2 Lassen Sie die Knochen handwarm abkühlen und drücken Sie das Mark aus dem Inneren der Knochen in eine Schüssel. Geben Sie das Salz und die weiche Butter hinzu und mixen Sie alles cremig.

Tipp: Sie können die Butter ganz nach Geschmack erweitern, beispielsweise mit gehackter Petersilie und Schnittlauch, gepresstem Knoblauch, Pfefferkörnern und fein gehackter Zwiebel. Diese Butter steckt voller wertvoller Vitamine und ist großartig auf frischem Brot oder auf einem Steak.

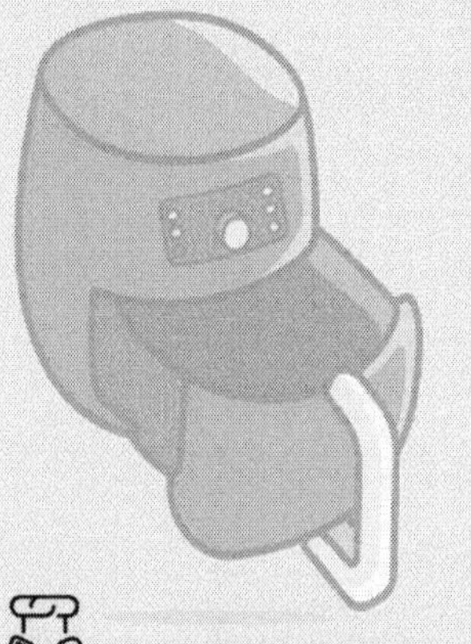

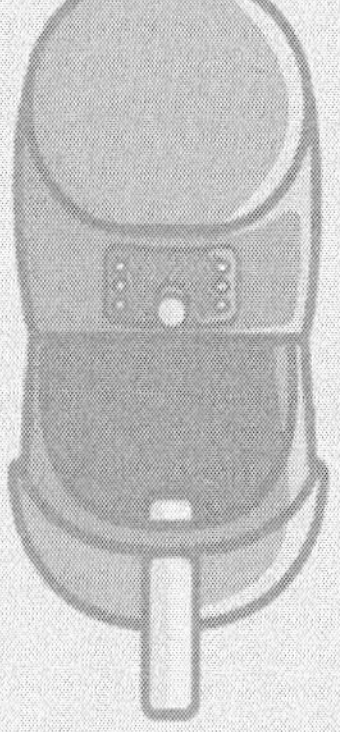

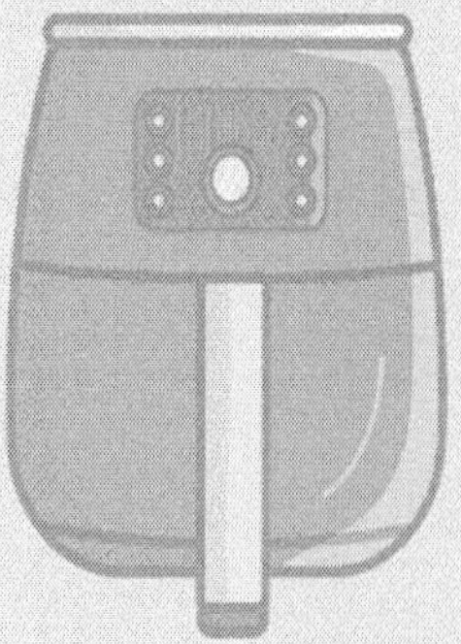

HASELNUSSBUTTER (VEGAN)

15 Port.

30 Min.

Leicht

Zutaten

120 g Haselnüsse
250 g Alsan, weich
1 Schalotte
1 Knoblauchzehe
1 TL Salz
Pfeffer

Außerdem:
Mörser, Knoblauchpresse

Nährwerte p. P.

175 kcal
1 g Kohlenhydrate
18 g Fett
1 g Eiweiß

1 Geben Sie die Haselnüsse in den Korb der Heißluftfritteuse. Backen Sie sie bei 190 °C für ca. 10 Minuten. Schütteln Sie die Nüsse währenddessen mehrmals, damit sie gleichmäßig geröstet werden.

2 Lassen Sie die Haselnüsse abkühlen. Zerstoßen Sie die Nüsse dann im Mörser grob. Schälen Sie den Knoblauch und pressen Sie ihn. Schälen Sie die Schalotte und hacken Sie sie sehr fein.

3 Mischen Sie die weiche Butter mit den gerösteten Haselnüssen, dem gepressten Knoblauch und der Schalotte. Schmecken Sie mit Salz und Pfeffer ab.

Tipp: Alsan ist eine besonders aromatische vegane Margarine, die Sie im Supermarkt und Bioladen finden. Verwenden Sie diese Haselnussbutter auf frisch gebackenem Brot oder als Bereicherung von Gemüse und Pasta.

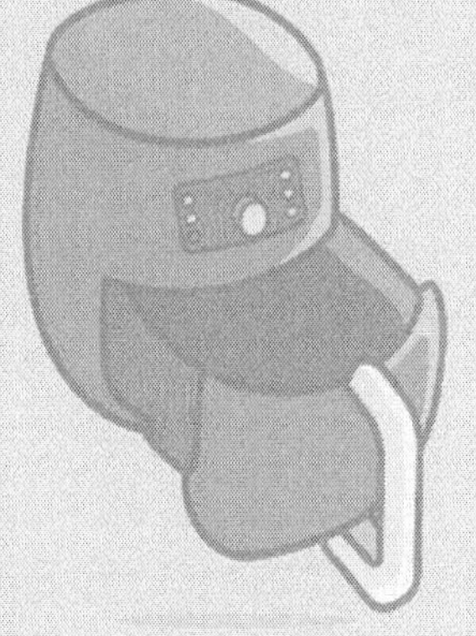
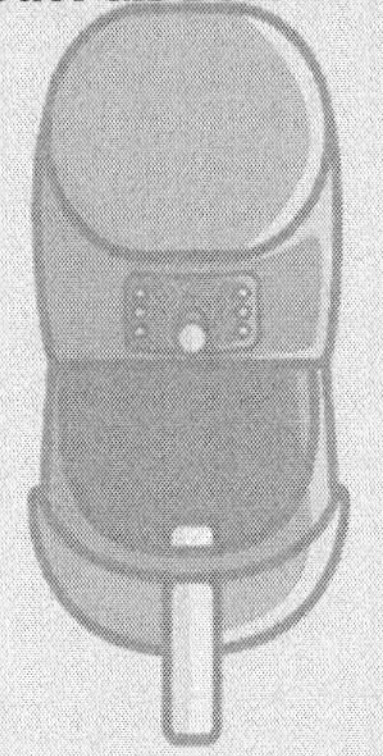
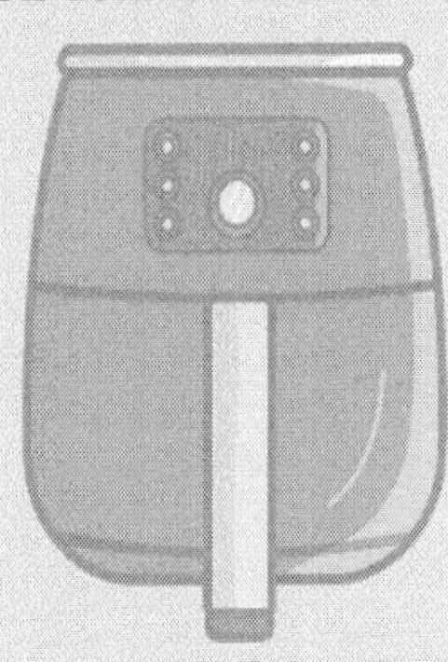

SKORDALIA |

KARTOFFEL-DIP

 4 Port.  60 Min.  Leicht

Zutaten

500 g Kartoffeln
1 Knoblauchknolle
1 Zitrone
120 ml Olivenöl
2 - 3 EL Wasser
Salz
Pfeffer

Außerdem:
Kartoffelstampfer

Nährwerte p. P.

418 kcal
9 g Kohlenhydrate
24 g Fett
9 g Eiweiß

1 Schneiden Sie die Spitze der Knoblauchknolle ab, sodass die Zehen zu sehen sind. Legen Sie die Knolle in den Korb der Heißluftfritteuse.

2 Waschen Sie die Kartoffeln und bürsten Sie sie dabei gründlich ab. Trocknen Sie die Kartoffeln ab, stechen Sie sie rundum mit einer Gabel mehrmals ein und reiben Sie sie dann mit einem halben Esslöffel des Öls ein. Bestreuen Sie die Kartoffeln rundum mit Salz und legen Sie sie zum Knoblauch in die Heißluftfritteuse. Backen Sie die Kartoffeln für 35 bis 45 Minuten bei 180 °C, bis sie weich sind. Lassen Sie die Kartoffeln und den Knoblauch abkühlen.

3 Halbieren Sie die Kartoffeln. Kratzen Sie die Hälften mit einem Löffel aus und verwenden Sie die äußere Schale anderweitig.

4 Drücken Sie die Knoblauchzehen aus der Knolle und geben Sie sie mit dem Öl, Salz und Pfeffer in eine Schüssel zu den Kartoffeln. Halbieren Sie die Zitrone und pressen Sie sie dazu. Zerstampfen Sie die Mischung zu einer cremigen Masse und geben Sie währenddessen schlückchenweise das Wasser hinzu, bis die gewünschte Konsistenz erreicht ist. Schmecken Sie ab und würzen Sie nach Geschmack nach.

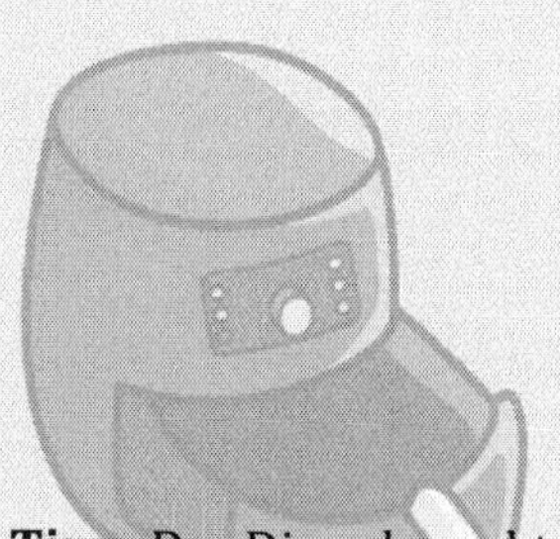

Tipp: Der Dip schmeckt besonders gut, wenn er über Nacht durchgezogen ist.

PAPRIKA-HUMMUS

5 Port.

30 Min.

Mittel

Zutaten

2 Paprika, rot
1 Knoblauchzehe
1 Dose Kichererbsen
60 ml Kichererbsenwasser
30 g Tahini
2 EL Olivenöl
1 TL Salz
½ TL Paprikapulver, edelsüß
½ TL Kreuzkümmel, gemahlen

Außerdem:
Stabmixer, großer Gefrierbeutel

Nährwerte p. P.

200 kcal
16 g Kohlenhydrate
11 g Fett
7 g Eiweiß

1 Waschen Sie die Paprika, entfernen Sie die Strünke und halbieren Sie sie. Legen Sie die Paprikahälften mit der Schale nach oben in den Korb der Heißluftfritteuse. Backen Sie sie bei 200 °C ca. 20 Minuten, bis die Haut schon schwarz wird.

2 Lassen Sie die gebackenen Paprika in einem Gefrierbeutel abkühlen und ziehen Sie dann die Haut ab.

3 Schälen Sie den Knoblauch und geben Sie ihn in ein hohes, schmales Gefäß. Tropfen Sie die Kichererbsen ab und fangen Sie das Einlegwasser auf. Geben Sie die Kichererbsen, das Tahini, Olivenöl, die Paprika und Salz dazu und pürieren Sie die Mischung. Geben Sie das Einlegwasser in die Mischung, bis eine ganz cremige Masse entsteht.

4 Schmecken Sie mit Paprikapulver und Kreuzkümmel und gegebenenfalls mehr Salz ab.

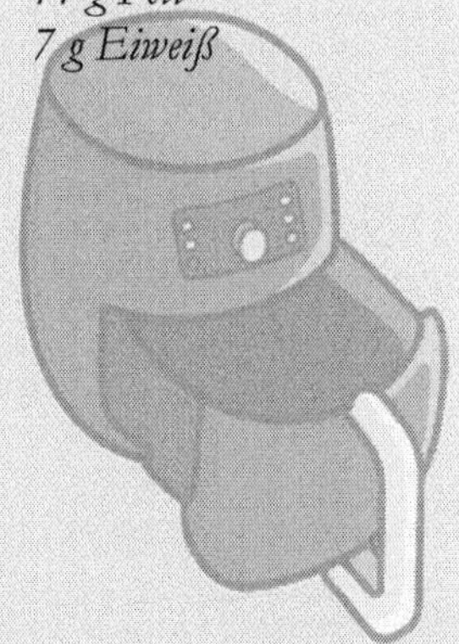

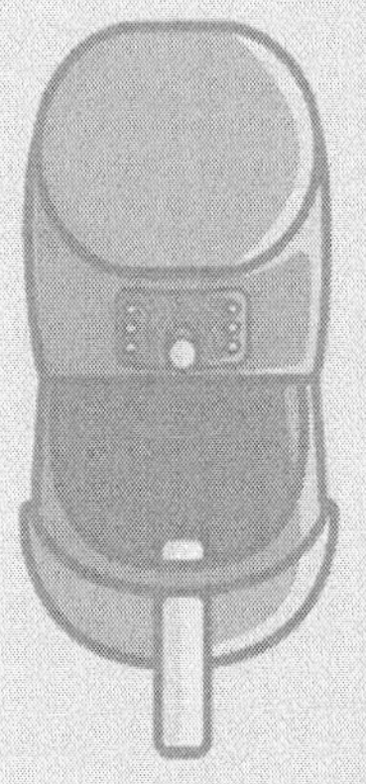

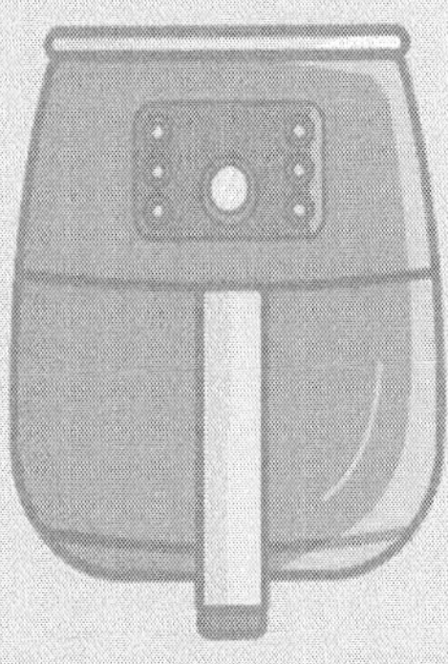

ZWIEBELMUS

5 Port.

20 Min.
+ 2,5 Std.
Kühlzeit

Mittel

Zutaten

1 kg Zwiebeln
1 EL Apfelessig
2 EL Sherry
1 TL Salz
2 EL Butter

Außerdem:
Stabmixer

Nährwerte p. P.

92 kcal
10 g Kohlenhydrate
4 g Fett
3 g Eiweiß

1 Legen Sie die Zwiebeln ungeschält in den Korb der Heißluftfritteuse. Backen Sie sie bei 200 °C ca. 35 Minuten, bis die Haut schon schwarz wird. Garen Sie die Zwiebeln je nach Größe der Heißluftfritteuse in mehreren Durchgängen.

2 Lassen Sie die gebackenen Zwiebeln abkühlen.

3 Schälen Sie die Zwiebeln und geben Sie sie mit dem Salz in ein hohes, schmales Gefäß. Geben Sie den Sherry, den Essig und die Butter hinzu und pürieren Sie sie dabei, sodass eine cremige, aber nicht ganz glatte Paste entsteht. Schmecken Sie zum Schluss nach Geschmack mit Salz ab.

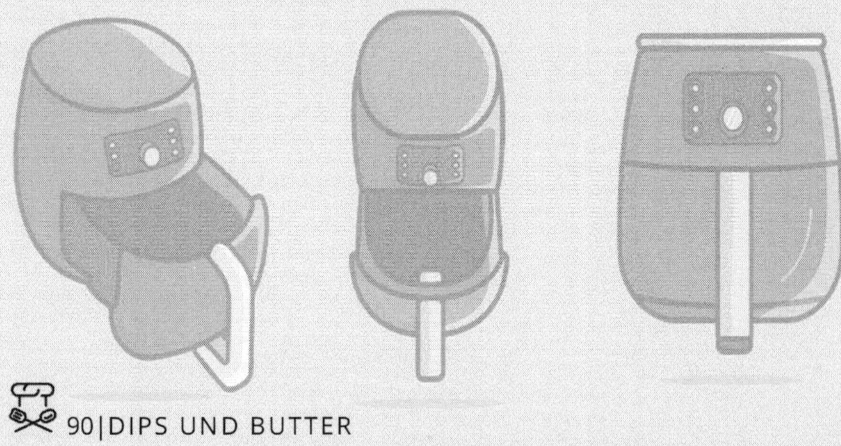

AJVAR

5 Port.

60 Min.

Mittel

Zutaten

10 Spitzpaprika, rot
4 EL Sonnenblumenöl
1 EL Apfelessig
1 TL Salz

Außerdem:
Stabmixer, großer Gefrierbeutel

Nährwerte p. P.

197 kcal
19 g Kohlenhydrate
9 g Fett
4 g Eiweiß

1 Waschen Sie die Paprika, entfernen Sie die Strünke und halbieren Sie sie. Legen Sie die Paprikahälften mit der Schale nach oben in den Korb der Heißluftfritteuse. Backen Sie die Hälften in mehreren Durchgängen bei 200 °C ca. 20 Minuten, bis die Haut schon schwarz wird.

2 Lassen Sie die gebackenen Paprika in einem Gefrierbeutel abkühlen und ziehen Sie dann die Haut ab.

3 Geben Sie die Paprika mit dem Öl, dem Essig und dem Salz in ein hohes, schmales Gefäß. Mischen Sie die Zutaten und pürieren Sie sie dabei, sodass eine cremige, aber nicht ganz glatte Paste entsteht. Schmecken Sie zum Schluss nach Geschmack mit Salz ab.

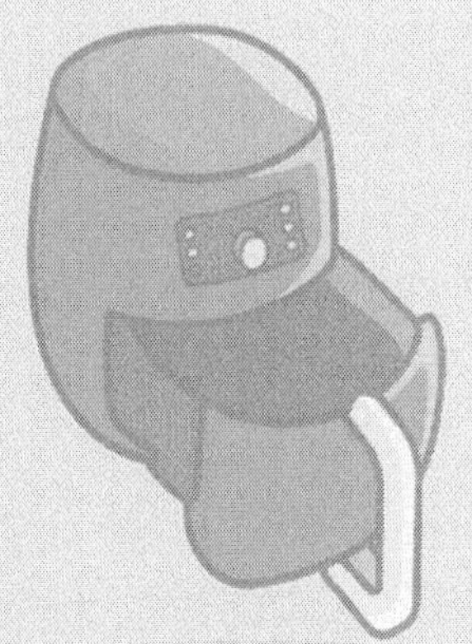

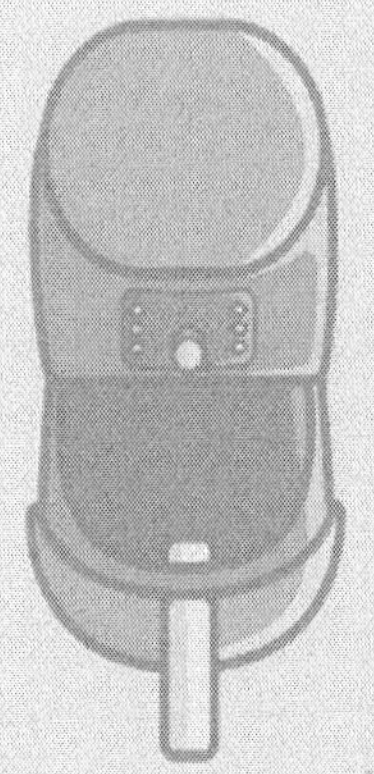

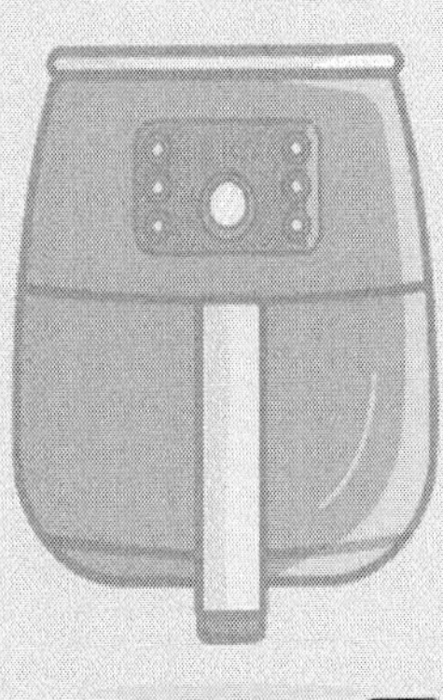

DATTEL-CURRY-DIP MIT SPECK

4 Port.

20 Min.

Leicht

Zutaten

200 g Datteln, entsteint
500 g Frischkäse
4 Scheiben Frühstücks-speck
1 EL Currypulver
Salz
Pfeffer

Außerdem:
Stabmixer

Nährwerte p. P.

430 kcal
31 g Kohlenhydrate
27 g Fett
13 g Eiweiß

1 Legen Sie den Frühstücksspeck in den Korb der Heißluftfritteuse und backen Sie ihn bei 180 °C für ca. 10 Minuten, bis er schön knusprig ist. Lassen Sie den Speck auf Küchenpapier auskühlen.

2 Geben Sie die Datteln in ein hohes, schmales Gefäß. Pürieren Sie die Früchte, bis sie cremig sind. Rühren Sie das Currypulver und den Frischkäse in die Dattelcreme und fügen Sie Salz und Pfeffer nach Geschmack hinzu. Bedenken Sie jedoch, dass der Speck noch mal den Salzgehalt steigern wird.

3 Zerkrümeln Sie den Speck und mischen Sie ihn unter den Dip.

Tipp: Lassen Sie den Speck weg und tauschen Sie für pflanzlichen Genuss den Frischkäse mit einer veganen Version aus.

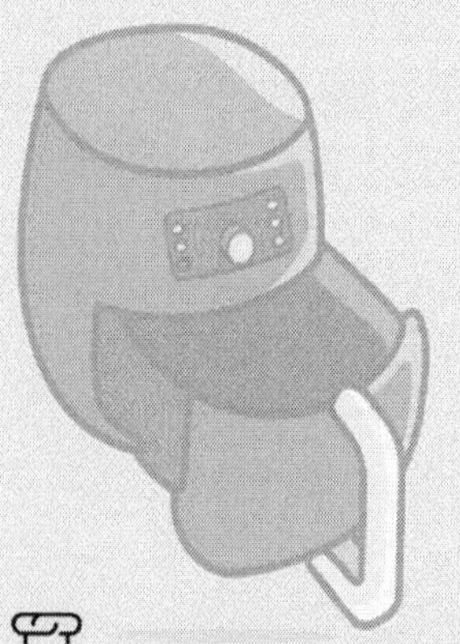
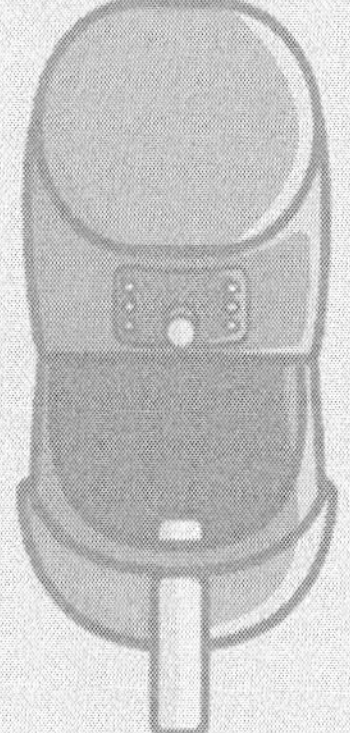
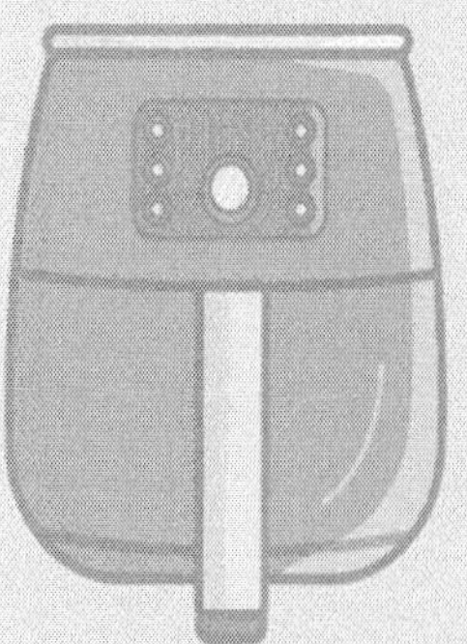

BABA GANOUSH | AUBERGINENCREME

5 Port. 45 Min. Leicht

Zutaten

2 Auberginen
50 g Tahini
1 Zitrone
1 Knoblauchzehe
Salz

Außerdem:
Stabmixer

Nährwerte p. P.

103 kcal
6 g Kohlenhydrate
6 g Fett
5 g Eiweiß

1 Waschen Sie die Zitrone heiß ab, hobeln Sie etwas von der Schale ab und pressen Sie den Saft aus. Waschen Sie die Aubergine und schälen Sie den Knoblauch.

2 Legen Sie die Auberginen in den Korb der Heißluftfritteuse und rösten Sie sie bei 200 °C für ca. 20 Minuten. Wenden Sie sie während der Backzeit mehrmals. Die Auberginen sollten außen schon sehr dunkel und knusprig sein.

3 Lassen Sie die Auberginen leicht abkühlen. Schälen Sie die Haut der Auberginen und entfernen Sie die Strünke.

4 Geben Sie die Hälfte der Auberginen in ein hohes, schmales Gefäß. Geben Sie den Knoblauch, Salz und Zitronensaft hinzu und pürieren Sie die Mischung.

5 Geben Sie die restliche Aubergine mit dem Tahini in eine Schüssel, vermengen Sie die Zutaten und zerdrücken Sie dabei die Aubergine leicht. Mischen Sie die pürierte Creme unter, bis eine feine Masse entsteht.

Tipp: Servieren Sie das Baba Ganoush authentisch und sehr hübsch, mit viel Olivenöl beträufelt, mit Pinienkernen und mit frischer Petersilie bestreut.

KÄSIGER BLUMENKOHL-DIP

10 Port. 40 Min. Leicht

Zutaten

1 Blumenkohl
2 Knoblauchzehen
150 g griechischer Joghurt
1 EL Olivenöl
2 Schalotten
1 TL Salz
200 g würziger Käse
Chili, gemahlen
2 Frühlingszwiebeln
1 TL Senf

Außerdem:
Mixer, ofenfeste Schüssel

Nährwerte p. P.

450 kcal
8 g Kohlenhydrate
27 g Fett
42 g Eiweiß

1 Waschen Sie den Blumenkohl und würfeln Sie ihn grob. Schälen Sie den Knoblauch. Geben Sie beides in eine Schüssel und vermengen Sie das Gemüse mit dem Öl.

2 Geben Sie das Gemüse in den Korb der Heißluftfritteuse und backen Sie den Blumenkohl bei 170 °C ca. 20 Minuten, bis er ganz weich ist.

3 Füllen Sie den Blumenkohl mit dem Knoblauch in den Mixer. Schälen Sie die Schalotte und würfeln Sie sie fein. Geben Sie die Schalotte, den Senf und das Salz zum Blumenkohl und pürieren Sie die Zutaten, bis sie ganz cremig sind. Geben Sie die Blumenkohlcreme in eine ofenfeste Schüssel.

4 Mischen Sie die Blumenkohlcreme mit dem Joghurt und schmecken Sie mit Chili und gegebenenfalls etwas mehr Salz ab.

5 Putzen Sie die Frühlingszwiebeln und schneiden Sie sie in feine Scheiben. Rühren Sie die Frühlingszwiebeln in den Dip.

6 Reiben Sie den Käse. Bestreuen Sie den Dip mit dem Käse und stellen Sie ihn in den Korb der Heißluftfritteuse. Überbacken Sie den Dip nochmals für ca. 12 Minuten, bis der Käse goldbraun ist.

Tipp: Bei diesem Dip ist das Gemüse gut hinter der cremigen Konsistenz und dem geschmolzenen Käse verdeckt. Dennoch ist er vergleichsweise gesund und passt toll zu Nachos, Baguette und gebratenem Fleisch.

Desserts und Kuchen

Die Heißluftfritteuse eignet sich natürlich ganz wunderbar, um kleines süßes Gebäck zu zaubern. Doch sie kann noch mehr. In diesem Kapitel haben wir uns vor allem auf Naschereien konzentriert, die etwas Besonderes sind. Sie können den Abschluss eines üppigen Menüs bilden oder ein Büfett komplettieren. Es erwarten Sie zwei Rezepte für leckeres Crumble mit einer Fruchtschicht, das in der kälteren Jahreszeit einfach nicht fehlen darf und mit einer Kugel Eis ein beeindruckendes, aber sehr leicht vorzubereitendes Dessert ergibt. Mit den gebackenen Bananen machen Sie nicht nur Kinder, sondern auch erwachsene Naschkatzen glücklich und können diese ganz entspannt mit einer Auswahl an Toppings auf den Tisch stellen, sodass sich alle selbst bedienen können.

Und in diesem Kapitel wird es noch einmal international. Österreichischen Kaiserschmarrn, spanische Churros und amerikanische S'mores sind Klassiker der jeweiligen Landesküche, die Sie mit der Heißluftfritteuse im Handumdrehen auch in der eigenen Küche nachkochen können.

GRUNDREZEPT: MUFFINS AUS DER HEIẞLUFTFRITTEUSE

 16 Port.  40 Min.  Leicht

Zutaten

375 g Mehl
1 Päckchen Backpulver
3 Eier
250 ml Milch
80 ml Pflanzenöl
150 g Zucker
1 Prise Salz
1 EL Butter

Außerdem:
Muffinförmchen aus Silikon, Holzstäbchen

Nährwerte p. P.

198 kcal
29 g Kohlenhydrate
6 g Fett
4 g Eiweiß

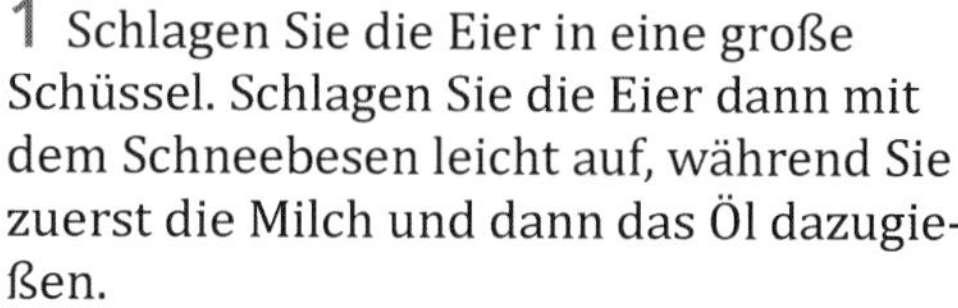

1 Schlagen Sie die Eier in eine große Schüssel. Schlagen Sie die Eier dann mit dem Schneebesen leicht auf, während Sie zuerst die Milch und dann das Öl dazugießen.

2 Geben Sie den Zucker und das Salz in eine Schüssel. Geben Sie das Backpulver und das Mehl dazu und mixen Sie alle Zutaten gründlich.

3 Lassen Sie die trockenen Zutaten unter Rühren in die Eimasse rieseln, bis alles gut vermischt ist. Heizen Sie die Heißluftfritteuse auf 180 °C vor.

4 Streichen Sie etwas Butter in das Innere jedes Förmchens. Gießen Sie den Teig gleichmäßig in die Muffinförmchen. Backen Sie die Muffins für ca. 15 bis 20 Minuten und machen Sie eine Stäbchenprobe, indem Sie einen Holzspieß in einen Muffin stecken. Kommt er heraus, ohne dass flüssiger Teig daran haftet, sind die Muffins auch von innen gar.

5 Entnehmen Sie die Förmchen aus dem Ofen und lassen Sie das Gebäck auf einem Gitter kurz auskühlen. Fahren Sie dann mit dem übrig gebliebenen Teig bei Schritt 4 fort, bis der Teig alle ist.

Tipp: Aus diesem Grundrezept lässt sich jede Sorte Muffins zaubern, die das Herz begehrt. Hier sind einige Ideen für Sie:

Blaubeermuffins:

Fügen Sie dem Teig 120 g frische Blaubeeren und ein Päckchen Vanillezucker hinzu.

Vegane Bananenmuffins:

Ersetzen Sie die Hälfte der Milch durch pflanzliche Milch. Pürieren Sie zwei reife Bananen und ersetzen Sie die andere Hälfte der Milch mit diesen. Fügen Sie dem Teig ¼ TL Zimt hinzu.

Eierlikörmuffins:

Reduzieren Sie die Milch um 100 ml und fügen Sie dem Teig 100 ml Eierlikör und 2 EL Schokoladenstreusel hinzu.

Muffins mit Kirschen und Mohn:

Fügen Sie dem Teig 1 EL Mohn hinzu. Gießen Sie Kirschen aus dem Glas ab und rühren Sie die Hälfte der eingelegten Kirschen in den Teig.

Klassische Schokoladenmuffins:

Fügen Sie dem Teig 2 EL Kakaopulver und 2 EL Schokoladendrops hin-zu.

Dreierlei Schokoladenmuffins:

Fügen Sie dem Teig jeweils 1 EL Schokoladendrops aus Vollmilch-, weißer und dunkler Schokolade hinzu.

Herzhafte Käsemuffins:

Ersetzen Sie die Hälfte des Mehls durch Kichererbsenmehl. Lassen Sie den Zucker aus dem Rezept weg, geben Sie stattdessen mehr Salz und Pfeffer sowie 50 g gehackte schwarze Oliven und 75 g geriebenen Käse in den Teig.

QUARKBÄLLCHEN

14 Port.

30 Min.

Mittel

Zutaten

250 g Mehl
250 g Quark (Magerquark)
2 Eier
2 EL Butter
½ Päckchen Backpulver
3 EL Zucker
2 Päckchen Vanillezucker
1 Prise Salz

Außerdem:
Eislöffel, Backpapier

Nährwerte p. P.

102 kcal
16 g Kohlenhydrate
2 g Fett
5 g Eiweiß

1 Schlagen Sie die Eier in eine Schüssel und geben Sie den Quark hinzu. Rühren Sie die Mischung, bis der Quark cremig ist.

2 Mischen Sie das Mehl mit dem Salz, dem Vanillezucker und dem Backpulver. Lassen Sie die Mehlmischung unter Rühren in den Quark einrieseln und vermengen Sie alles zu einem gleichmäßigen Teig.

3 Heizen Sie die Heißluftfritteuse auf 185 °C vor. Legen Sie ein Stück Back-papier in den Korb der Heißluftfritteuse.

4 Stellen Sie eine kleine Schüssel mit Wasser bereit. Nehmen Sie mit dem Eislöffel portionsweise den Teig aus der Schüssel und formen Sie mit angefeuchteten Händen kleine Bällchen.

5 Legen Sie je nach Größe der Heißluftfritteuse 5 bis 7 Bällchen in den Gar-korb und backen Sie diese dann für ca. 12 Minuten. Wenden Sie die Bällchen währenddessen nach 8 Minuten, damit sie von beiden Seiten goldbraun wer-den. Verfahren Sie so, bis alle Bällchen gebacken sind.

6 Schmelzen Sie währenddessen die Butter. Geben Sie den Zucker in eine Schüssel. Bestreichen Sie die noch warmen Quarkbällchen mit der flüssigen Butter und wenden Sie sie danach direkt im Zucker.

Tipp: Fügen Sie zur Weihnachtszeit etwas Zimt zum Zucker hinzu, in dem die Quarkbällchen gewendet werden.

SCHWARZWÄLDER TÖRTCHEN

8 Port.

40 Min.

Leicht

Zutaten

Für den Boden:

180 g Mehl
½ Päckchen Backpulver
2 Eier
125 ml Milch
40 ml Pflanzenöl
75 g Zucker
1 Prise Salz
1 EL Butter
½ Glas Kirschen
50 g Kakaopulver
2 EL Kirschwasser

Für die Sahne:

300 ml Schlagsahne
200 g Zartbitterschokolade
2 EL Schokoladenraspeln, zartbitter

Außerdem:

Muffinförmchen aus Silikon, Holzstäbchen, Spritzbeutel

Nährwerte p. P.

497 kcal
43 g Kohlenhydrate
31 g Fett
8 g Eiweiß

1 Schlagen Sie die Eier in eine große Schüssel. Schlagen Sie die Eier dann mit dem Schneebesen leicht auf, während Sie zuerst die Milch und dann das Öl dazugießen.

2 Geben Sie das Kakaopulver, den Zucker und das Salz in eine Schüssel. Geben Sie das Backpulver und das Mehl dazu und mixen Sie alle Zutaten gründlich.

3 Lassen Sie die trockenen Zutaten unter Rühren in die Eimasse rieseln, bis alles gut vermischt ist. Geben Sie das Kirschwasser und die abgetropften Kirschen hinzu und rühren Sie diese Zutaten gut ein. Heizen Sie die Heißluft-fritteuse auf 180 °C vor.

4 Streichen Sie etwas Butter in das Innere jedes Förmchens. Gießen Sie den Teig gleichmäßig in die Muffinförmchen und achten Sie darauf, dass die Kirschen gleichmäßig verteilt sind. Backen Sie die Böden für ca. 15 bis 20 Minuten und machen Sie eine Stäbchenprobe, indem Sie einen Holzspieß in einen Muffin stecken. Kommt er heraus, ohne dass flüssiger Teig daran haftet, sind die Muffins auch von innen gar.

5 Entnehmen Sie die Förmchen aus dem Ofen und lassen Sie das Gebäck auf einem Gitter kurz auskühlen. Fahren Sie dann mit dem übrig gebliebenen Teig bei Schritt 4 fort, bis der Teig alle ist.

6 Geben Sie die Sahne in einen Topf und kochen Sie sie auf. Nehmen Sie sie vom Herd und brechen Sie die Schokolade in Stücke, die Sie in die Sahne rühren. Stellen Sie die Sahne kalt, während die Böden abkühlen, ca. 1 bis 2 Stunden.

7 Schlagen Sie die Sahne steif und füllen Sie sie in einen Spritzbeutel mit Sterntülle. Spritzen Sie die Sahne spiralförmig auf die Böden. Bestreuen Sie die Törtchen zum Schluss mit den Schokoladenraspeln.

TONKABOHNEN-BUTTERPLÄTZCHEN

20 Port. | 30 Min. + 30 Min. Ruhezeit | Mittel

Zutaten

250 g Mehl (Weizenmehl) + mehr zur Verarbeitung
1 Ei
100 g Zucker
1 Pck. Vanillezucker
125 g Butter, weich
1 Tonkabohne

Außerdem:
Ausstechformen, Backpapier, Nudelholz, Muskatreibe

Nährwerte p. P.

115 kcal
14 g Kohlenhydrate
6 g Fett
2 g Eiweiß

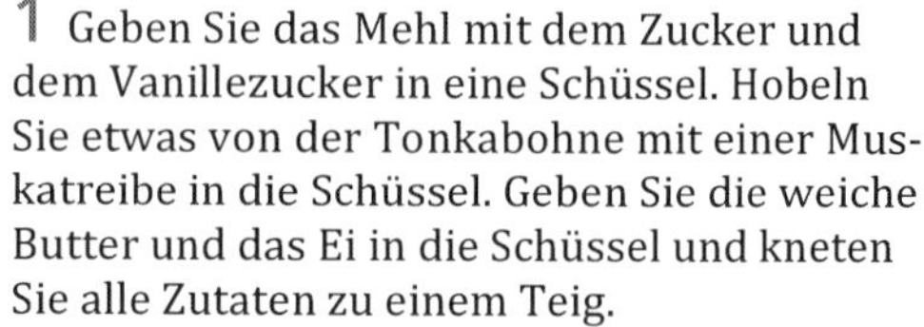

1 Geben Sie das Mehl mit dem Zucker und dem Vanillezucker in eine Schüssel. Hobeln Sie etwas von der Tonkabohne mit einer Muskatreibe in die Schüssel. Geben Sie die weiche Butter und das Ei in die Schüssel und kneten Sie alle Zutaten zu einem Teig.

2 Formen Sie den Teig zu einer Kugel und legen Sie ihn für 30 Minuten in den Kühlschrank.

3 Schneiden Sie in der Zwischenzeit Ihr Backpapier zu, sodass es den Boden des Korbs Ihrer Heißluftfritteuse bedeckt. Schneiden Sie mehrere Stücke in der gleichen Weise zu und legen Sie sie auf Ihrer Arbeitsfläche bereit.

4 Streuen Sie Mehl auf die Arbeitsfläche und das Nudelholz und rollen Sie den Teig ca. 5 mm dick auf der so vorbereiteten Fläche aus.

5 Stechen Sie aus dem Teig mithilfe von Ausstechformen die Plätzchen aus und platzieren Sie sie auf den Backpapierzuschnitten. Legen Sie eines der mit Plätzchen belegten Backpapiere in den Korb der Heißluftfritteuse. Backen Sie die Plätzchen in mehreren Durchgängen für 7 bis 8 Minuten bei 170 °C in der Heißluftfritteuse.

6 Rollen Sie den verbliebenen Teig währenddessen wieder zu einer Kugel und rollen Sie diese erneut aus wie in Schritt 4. Fahren Sie so fort, bis Sie den ganzen Teig verarbeitet haben und alle Plätzchen gebacken wurden.

7 Lassen Sie die Plätzchen nach dem Backen auf einem Gitter auskühlen.

Tipp: Sie können die Tonkabohne als Gewürz auch weglassen und stattdessen mehr Vanille sowie Zimt hinzufügen.

SCHOKOLADENPLÄTZCHEN

20 Port.

30 Min. + 30 Min. Ruhezeit

Mittel

Zutaten

200 g Mehl (Weizenmehl) + mehr zur Verarbeitung
1 Ei
60 g Puderzucker
1 Pck. Vanillezucker
100 g Butter, weich
1 EL Kakaopulver
100 g Kuvertüre, zartbitter
1 Prise Zimt

Außerdem:
Backpapier, Nudelholz, Pastaschneider mit gewellter Klinge

Nährwerte p. P.

115 kcal
13 g Kohlenhydrate
6 g Fett
2 g Eiweiß

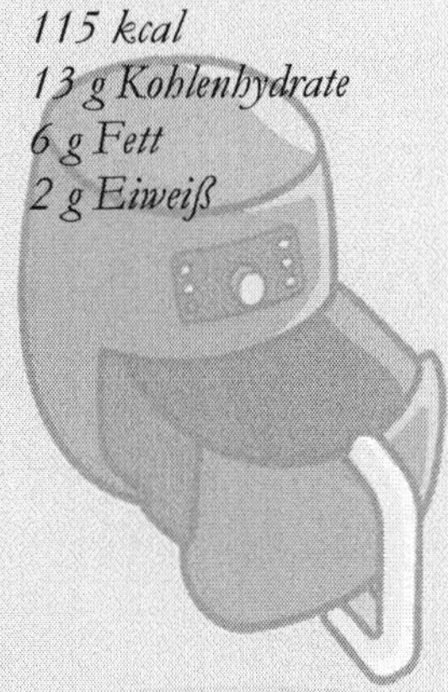

1 Geben Sie das Mehl mit dem Puderzucker, dem Vanillezucker, dem Zimt und dem Kakaopulver in eine Schüssel. Geben Sie die weiche Butter und das Ei in die Schüssel und kneten Sie alle Zutaten zu einem Teig. Formen Sie den Teig zu einer Kugel und legen Sie ihn für 30 Minuten in den Kühlschrank.

2 Schneiden Sie in der Zwischenzeit Ihr Backpapier zu, sodass es den Boden des Korbs Ihrer Heißluftfritteuse bedeckt. Schneiden Sie mehrere Stücke in der gleichen Weise zu und legen Sie sie auf Ihrer Arbeitsfläche bereit.

3 Streuen Sie Mehl auf die Arbeitsfläche und das Nudelholz und rollen Sie den Teig ca. 5 mm dick rechteckig auf der so vorbereiteten Fläche aus.

4 Schneiden Sie mithilfe des Pastaschneiders Rechtecke von ca. 5 x 3 cm aus und platzieren Sie sie auf den Bachpapierzuschnitten. Legen Sie eines der mit Plätzchen belegten Backpapiere in den Korb der Heißluftfritteuse. Backen Sie die Plätzchen in mehreren Durchgängen für 7 bis 8 Minuten bei 170 °C in der Heißluftfritteuse. Fahren Sie so fort, bis Sie den ganzen Teig verarbeitet haben und alle Plätzchen gebacken wurden.

5 Lassen Sie die Plätzchen nach dem Backen auf einem Gitter auskühlen.

6 Erhitzen Sie Wasser, bis dieses kocht, und stellen Sie die Hitze herab. Geben Sie die Kuvertüre in eine Schüssel und schmelzen Sie sie im Wasserbad, wobei Sie darauf achten, dass kein Wasser in die Schokolade gelangt. Nehmen Sie die Schokolade aus dem Wasserbad. Tauchen Sie ein Drittel jedes Keks in die flüssige Kuvertüre und legen Sie sie erneut auf ein Gitter, bis die Schokolade wieder fest geworden ist.

GRUNDREZEPT: RÜHRKUCHEN

8 Port.

45 Min.

Mittel

Zutaten

200 g Mehl
75 g Zucker
1 Päckchen Vanillezucker
½ Päckchen Backpulver
80 g Butter, weich
1 TL Butter zum Bestreichen der Form
1 EL Semmelbrösel
2 Eier
1 Prise Salz
30 ml Milch

Außerdem:
18-cm-Backform für die Heißluftfritteuse, Holzstäbchen, ggf. Alufolie

Nährwerte p. P.

241 kcal
30 g Kohlenhydrate
11 g Fett
4 g Eiweiß

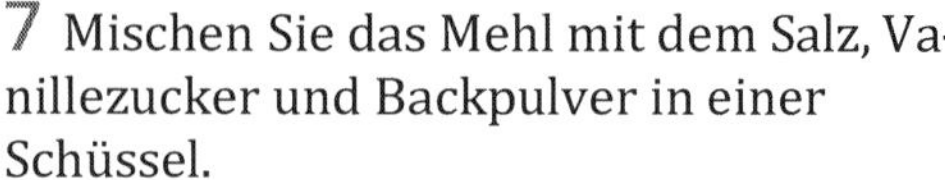

7 Mischen Sie das Mehl mit dem Salz, Vanillezucker und Backpulver in einer Schüssel.

8 Schlagen Sie die Eier in eine große Schüssel und geben Sie den Zucker und 80 g weiche Butter hinzu. Schlagen Sie die Mischung auf, bis sie schaumig ist. Lassen Sie nun abwechselnd die Milch und die Mehlmischung unter Rühren in die Eimasse fließen bzw. einrieseln, bis alles zu einem glatten Teig vermischt ist.

9 Bestreichen Sie die Form mit der restlichen Butter und streuen Sie die Semmelbrösel hinein, sodass die Innenseite mit diesen überzogen ist.

10 Füllen Sie den Teig in die Springform und stellen Sie sie in den Korb der Heißluftfritteuse.

11 Backen Sie den Kuchen bei 180 °C für ca. 25 bis 30 Minuten. Kontrollieren Sie immer wieder die Oberseite des Kuchens, um diese mit Alufolie abzudecken, falls der Kuchen zu dunkel wird. Machen Sie zum Ende der Garzeit eine Stäbchenprobe. Der Kuchen ist fertig, wenn der Holzspieß sauber aus dem Kuchen herauskommt.

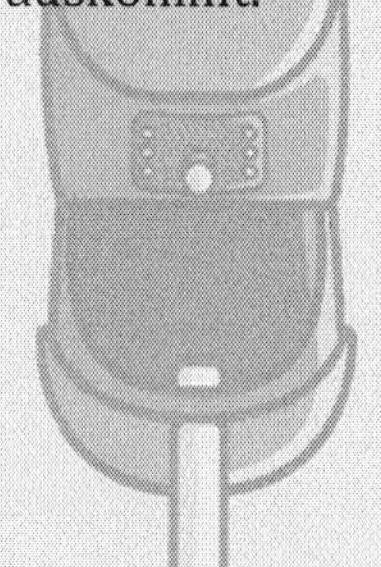

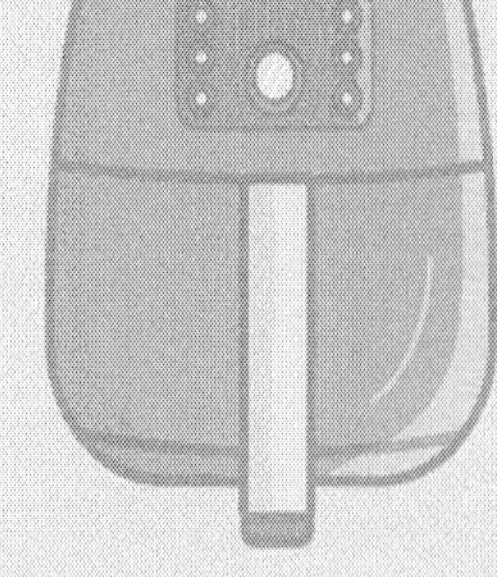

KIRSCH-MOHNKUCHEN

8 Port.

45 Min.

Mittel

Zutaten

200 g Mehl
75 g Zucker
1 Päckchen Vanillezucker
½ Päckchen Backpulver
80 g Butter, weich
1 TL Butter zum Bestreichen der Form
1 EL Semmelbrösel
2 Eier
1 Prise Salz
1 Glas Schattenmorellen
3 EL Mohn
50 g Marzipan

Außerdem:
18-cm-Backform für die Heißluftfritteuse, Holzstäbchen, ggf. Alufolie

Nährwerte p. P.

304 kcal
37 g Kohlenhydrate
14 g Fett
6 g Eiweiß

1 Mischen Sie das Mehl mit dem Salz, Vanillezucker und Backpulver in einer Schüssel. Gießen Sie die Schattenmorellen ab. Fangen Sie den Saft auf. Würfeln Sie das Marzipan.

2 Schlagen Sie die Eier in eine große Schüssel und geben Sie den Zucker und 80 g weiche Butter hinzu. Schlagen Sie die Mischung auf, bis sie schaumig ist. Lassen Sie nun abwechselnd 30 ml Kirschsaft und die Mehlmischung unter Rühren in die Eimasse fließen bzw. einrieseln, bis alles zu einem glatten Teig vermischt ist. Mischen Sie den Mohn in den Teig und heben Sie das Marzipan unter.

3 Bestreichen Sie die Form mit der restlichen Butter und streuen Sie die Semmelbrösel hinein, sodass die Innenseite überzogen ist. Füllen Sie den Teig in die Springform und stellen Sie sie in den Korb der Heißluftfritteuse.

4 Backen Sie den Kuchen bei 180 °C für ca. 25 bis 30 Minuten. Kontrollieren Sie immer wieder die Oberseite des Kuchens, um diese mit Alufolie abzudecken, falls der Kuchen zu dunkel wird. Machen Sie zum Ende der Garzeit eine Stäbchenprobe. Der Kuchen ist fertig, wenn der Holzspieß sauber aus dem Kuchen herauskommt.

Tipp: Auch mit eingemachten Pfirsichen statt der Schattenmorellen und Mandelstiften statt Mohn schmeckt der Kuchen sehr lecker.

DOPPEL-SCHOKO-KUCHEN

8 Port.

45 Min.

Mittel

Zutaten

200 g Mehl
75 g Zucker
1 Päckchen Vanillezucker
2 EL Kakao
½ Päckchen Backpulver
80 g Butter, weich
1 TL Butter zum Bestreichen der Form
1 EL Semmelbrösel
2 Eier
1 Prise Salz
2 EL Schokoladentropfen, zartbitter
30 ml Rotwein

Außerdem:
18-cm-Backform für die Heißluftfritteuse, Holzstäbchen, ggf. Alufolie

Nährwerte p. P.

266 kcal
32 g Kohlenhydrate
13 g Fett
5 g Eiweiß

1 Mischen Sie das Mehl mit dem Salz, dem Kakao, dem Vanillezucker und Backpulver in einer Schüssel.

2 Schlagen Sie die Eier in eine große Schüssel und geben Sie den Zucker und 80 g weiche Butter hinzu. Schlagen Sie die Mischung auf, bis sie schaumig ist. Lassen Sie nun abwechselnd den Wein und die Mehlmischung unter Rühren in die Eimasse fließen bzw. einrieseln, bis alles zu einem glatten Teig vermischt ist. Heben Sie die Schokoladentropfen unter.

3 Bestreichen Sie die Form mit der restlichen Butter und streuen Sie die Semmelbrösel hinein, sodass die Innenseite überzogen ist.

4 Füllen Sie den Teig in die Springform und stellen Sie sie in den Korb der Heißluftfritteuse.

5 Backen Sie den Kuchen bei 180 °C für ca. 25 bis 30 Minuten. Kontrollieren Sie immer wieder die Oberseite des Kuchens, um diese mit Alufolie abzudecken, falls der Kuchen zu dunkel wird. Machen Sie zum Ende der Garzeit eine Stäbchenprobe. Der Kuchen ist fertig, wenn der Holzspieß sauber aus dem Kuchen herauskommt.

Tipp: Lassen Sie den Kuchen nach dem Backen auskühlen und bestreuen Sie ihn mit Puderzucker.

KÄSEKUCHEN

8 Port.

20 Min. + 6 Std. Ruhezeit

Mittel

Zutaten

150 g Butterkekse
680 g Frischkäse
400 ml Kondensmilch
3 EL Zucker
1 Päckchen Vanillezucker
80 g Butter, weich
2 Eier
1 Prise Salz
50 g Erdbeermarmelade
100 g Erdbeeren, frisch

Außerdem:
18-cm-Backform für die Heißluftfritteuse, Holzstäbchen, ggf. Alufolie

Nährwerte p. P.

458 kcal
32 g Kohlenhydrate
32 g Fett
11 g Eiweiß

1 Geben Sie die Butter in einen kleinen Topf und schmelzen Sie sie auf niedriger Hitze. Zerkleinern Sie die Butterkekse in einer Schüssel. Gießen Sie die Butter dazu und mischen Sie, bis ein krümeliger Teig entsteht. Drücken Sie den Teig in die Backform und stellen Sie ihn kalt. Geben Sie den Frischkäse in eine Schüssel und schlagen Sie ihn mit dem Handmixer cremig auf, sodass keine Stückchen mehr zu sehen sind.

2 Schlagen Sie die Eier in die Schüssel und geben Sie den Zucker und Vanillezucker hinzu. Geben Sie auch eine Prise Salz hinzu und gießen Sie die Kondensmilch unter Rühren hinzu, bis alles zu einer glatten Creme vermischt ist.

3 Füllen Sie die Creme auf den Keksboden in die Springform und stellen Sie sie in den Korb der Heißluftfritteuse.

4 Backen Sie den Kuchen bei 150 °C für ca. 30 bis 40 Minuten. Kontrollieren Sie immer wieder die Oberseite des Kuchens, um diese mit Alufolie abzudecken, falls der Kuchen zu dunkel wird. Machen Sie zum Ende der Garzeit eine Stäbchenprobe. Der Kuchen ist fertig, wenn der Holzspieß sauber aus dem Kuchen herauskommt. Lassen Sie den Kuchen über Nacht auskühlen.

5 Waschen Sie die Erdbeeren und tupfen Sie sie trocken. Schneiden Sie die Strünke ab und schneiden Sie sie in Scheiben. Schmelzen Sie die Marmelade auf niedriger Hitze. Nehmen Sie den Kuchen aus der Form und übergießen Sie ihn mit der flüssigen Marmelade. Dekorieren Sie den Kuchen mit den frischen Früchten und lassen Sie ihn abkühlen.

Tipp: Je nach Saison können Sie auch Himbeeren, Blaubeeren, Stachelbeeren, Pflaumen oder Feigen statt der Erdbeeren verarbeiten. So ist das Rezept das ganze Jahr ein tolles Mitbringsel.

KAROTTENKUCHEN

12 Port.

20 Min. + 24 Std. Gefrierzeit

Mittel

Zutaten

150 g Mehl
150 g Mandeln, gemahlen
75 g Zucker
1 Päckchen Vanillezucker
¼ TL Zimt
½ Päckchen Backpulver
80 g Butter, weich
1 TL Butter zum Bestreichen der Form
1 EL Semmelbrösel
2 Eier
1 Prise Salz
30 ml Milch
1 Karotte
150 g Frischkäse
50 g Puderzucker
1 TL Zitronensaft

Außerdem:
18-cm-Backform für die Heißluftfritteuse, Holzstäbchen, ggf. Alufolie

Nährwerte p. P.

419 kcal
35 g Kohlenhydrate
26 g Fett
9 g Eiweiß

1 Mischen Sie das Mehl und die gemahlenen Mandeln mit dem Salz, Zimt, Vanillezucker und Backpulver in einer Schüssel. Waschen Sie die Karotte. Schneiden Sie die Enden ab und reiben Sie sie nach Geschmack grob oder fein. Schlagen Sie die Eier in eine große Schüssel und geben Sie den Zucker und 80 g weiche Butter hinzu. Schlagen Sie die Mischung auf, bis sie schaumig ist. Lassen Sie nun abwechselnd die Milch und die Mehlmischung unter Rühren in die Eimasse fließen bzw. einrieseln, bis alles zu einem glatten Teig vermischt ist. Heben Sie die gemahlene Karotte unter den Teig.

2 Bestreichen Sie die Form mit der restlichen Butter und streuen Sie die Semmelbrösel hinein, sodass die Innenseite überzogen ist. Füllen Sie den Teig in die Springform und stellen Sie sie in den Korb der Heißluftfritteuse.

3 Backen Sie den Kuchen bei 180 °C für ca. 25 bis 30 Minuten. Kontrollieren Sie immer wieder die Oberseite des Kuchens, um diese mit Alufolie abzudecken, falls der Kuchen zu dunkel wird. Machen Sie zum Ende der Garzeit eine Stäbchenprobe. Der Kuchen ist fertig, wenn der Holzspieß sauber aus dem Kuchen herauskommt. Lassen Sie den Kuchen komplett auskühlen.

4 Sieben Sie den Puderzucker sodass keine Kumpen zurückbleiben. Geben Sie den Frischkäse mit dem Zitronensaft in eine Schüssel. Schlagen Sie die Mischung mit dem Handmixer auf und geben Sie dann unter Rühren den Puderzucker dazu. Streichen Sie die Glasur auf den Kuchen.

Tipp: Der Kuchen wird mit der Zeit immer saftiger. Backen Sie ihn also gut und gerne schon einen Tag früher, als Sie ihn brauchen. Bereiten Sie die Frischkäse Glasur dann frisch vorm Servieren zu.

BROWNIES

12 Stk.

40 Min.

Mittel

Zutaten

100 g Schokolade, zartbitter
60 g Mehl
75 g Zucker
1 Päckchen Vanillezucker
100 g Butter
1 Ei
50 g Mandeln
1 Prise Salz

Außerdem:
Handmixer, Backpapier

Nährwerte p. P.

554 kcal
46 g Kohlenhydrate
37 g Fett
7 g Eiweiß

1 Geben Sie die Butter in einen kleinen Topf. Brechen Sie die Schokolade dazu und schmelzen Sie beides im Wasserbad.

2 Hacken Sie die Mandeln in der Zwischenzeit grob.

3 Schlagen Sie das Ei in eine Schüssel und schlagen Sie es mit dem Zucker, Vanillezucker und einer Prise Salz cremig auf. Löffeln Sie unter Rühren die geschmolzene Schokoladen-Butter-Mischung hinzu. Rühren Sie das Mehl gründlich ein und rühren Sie zum Schluss die gehackten Mandeln dazu.

4 Lassen Sie den Teig kurz ruhen und legen Sie die Backform mit Backpapier aus. Geben Sie den Teig in die Form und backen Sie ihn bei 170 °C für ca. 20 Minuten.

5 Lassen Sie die Brownies auskühlen und schneiden Sie sie in Rauten.

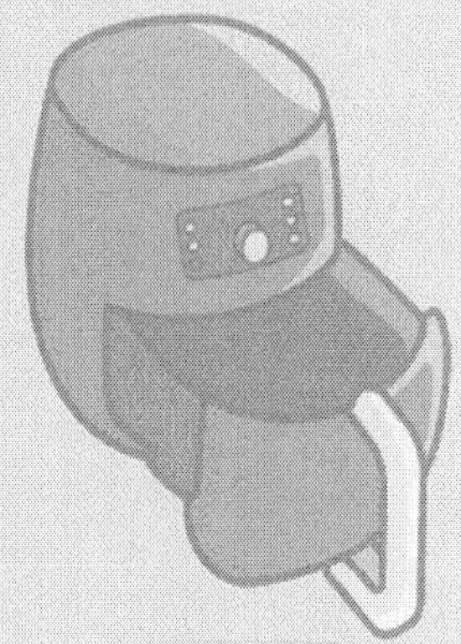

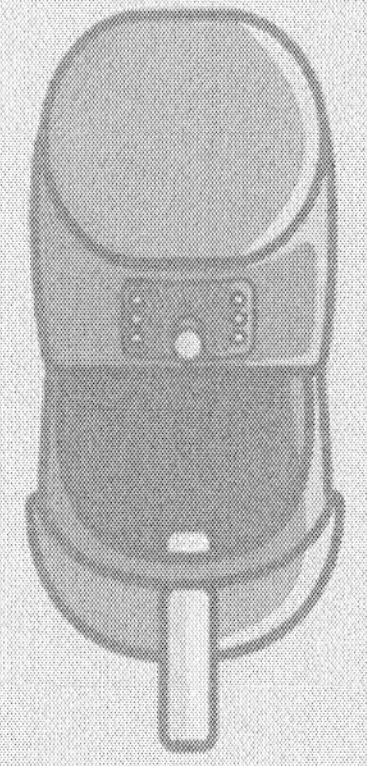

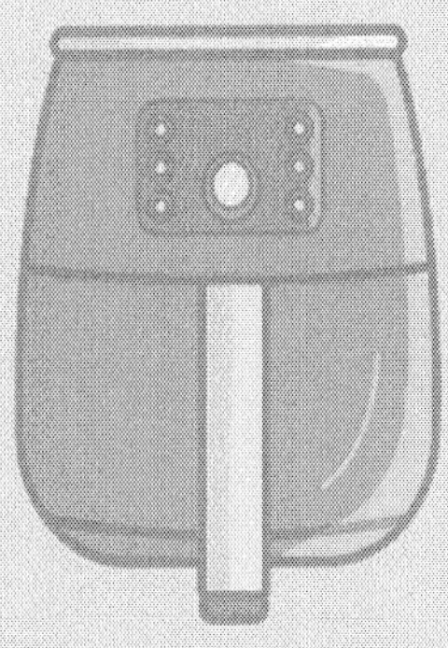

GRUNDREZEPT: ERDBEER-RHABARBER-CRUMBLE

4 Port.

30 Min.

Leicht

Zutaten

Für den Boden:
2 - 3 Stangen Rhabarber
125 g Erdbeeren
3 EL Zucker
1 EL Butter

Für die Streusel:
120 g Mehl
50 g Haferflocken
80 g Butter, kalt
90 g Zucker, brauner
½ TL Zimt
1 Prise Salz

Außerdem:
Backform für die Heißluftfritteuse

Nährwerte p. P.

467 kcal
65 g Kohlenhydrate
20 g Fett
5 g Eiweiß

1 Mischen Sie das Mehl und die Haferflocken mit dem Zucker, dem Zimt und dem Salz. Arbeiten Sie die kalte Butter zügig mit den Fingern ein, sodass große Klumpen entstehen. Stellen Sie die Streusel in den Kühlschrank.

2 Putzen Sie den Rhabarber und schneiden Sie ihn in 1 cm dicke Scheiben. Waschen Sie die Erdbeeren und entfernen Sie die Strünke, schneiden Sie sie bei Bedarf in Stücke. Mischen Sie das Obst mit dem Zucker.

3 Fetten Sie die Backform und geben Sie das Obst hinein. Verteilen Sie die Streusel gleichmäßig auf dem Obst und backen Sie das Crumble bei 180 °C für ca. 15 Minuten, bis das Obst weich ist und die Streusel goldbraun sind.

Tipp: Das Crumble schmeckt noch viel besser mit einer Kugel Vanilleeis serviert.

PFLAUMEN-CRUMBLE

4 Port.

30 Min.

Leicht

Zutaten

Für den Boden:
250 g Pflaumen
3 EL Zucker
1 EL Butter

Für die Streusel:
100 g Mehl
30 g Mandeln, gemahlen
40 g Haferflocken
80 g Butter, kalt
90 g Zucker, brauner
½ TL Zimt
1 Prise Salz

Außerdem:
Backform für die Heißluftfritteuse

Nährwerte p. P.

479 kcal
68 g Kohlenhydrate
19 g Fett
5 g Eiweiß

1 Mischen Sie das Mehl, die Mandeln und die Haferflocken mit dem Zucker, dem Zimt und dem Salz. Arbeiten Sie die kalte Butter zügig mit den Fingern ein, sodass große Klumpen entstehen. Stellen Sie die Streusel in den Kühlschrank.

2 Waschen Sie die Pflaumen und entkernen Sie sie. Vierteln Sie das Obst und mischen Sie das Obst mit dem Zucker.

3 Fetten Sie die Backform und geben Sie die Pflaumen hinein. Verteilen Sie die Streusel gleichmäßig auf dem Obst und backen Sie das Crumble bei 180 °C für ca. 15 Minuten, bis das Obst weich ist und die Streusel goldbraun sind.

Tipp: Auch andere Nüsse, wie gemahlene Haselnüsse und gehackte Walnüsse, machen sich gut im Streuselteig.

KAISERSCHMARRN

4 Port.

1 Std.

Mittel

Zutaten

250 g Mehl
1 TL Backpulver
65 g Zucker
1 Päckchen Vanillezucker
50 g Butter + 3 TL zum Bestreichen
500 ml Milch
6 Eier
50 g Rosinen
2 EL Puderzucker
1 Prise Salz

Außerdem:
Handmixer, Backform für die Heißluftfritteuse

Nährwerte p. P.

654 kcal
81 g Kohlenhydrate
27 g Fett
21 g Eiweiß

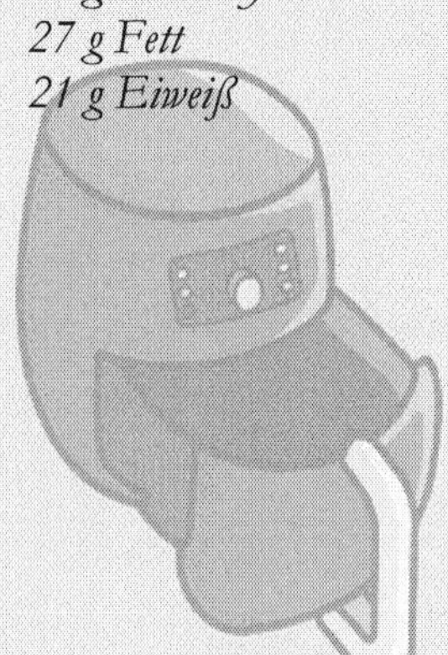

1 Geben Sie 50 g der Butter in eine Schüssel und schmelzen Sie sie. Trennen Sie die Eier und geben Sie das Eiweiß in ein hohes, schmales Gefäß und stellen Sie es kalt.

2 Geben Sie das Eigelb in eine Schüssel und fügen Sie den Zucker, das Salz und den Vanillezucker hinzu. Lassen Sie unter Rühren das Mehl und das Backpulver einrieseln und geben Sie die Milch schlückchenweise hinzu, sodass ein glatter Teig entsteht. Gießen Sie zum Schluss die geschmolzene Butter dazu und rühren Sie sie ein.

3 Schlagen Sie das Eiweiß mit dem Mixer steif. Heben Sie das Eiweiß dann mithilfe einer Gabel unter den Teig und mischen Sie die Rosinen locker unter.

4 Verteilen Sie 1 TL Butter in der Backform und löffeln Sie ein Drittel des Teiges in die Form. Backen Sie den Teig bei 170 °C für 10 Minuten und verteilen Sie in zur Hälfte der Backzeit mit einer Gabel.

5 Lassen Sie die Teigstücke dann auf einem Teller auskühlen, während Sie mit dem restlichen Teig genauso verfahren, wie in Schritt 4 beschrieben.

6 Bestreuen Sie den Kaiserschmarrn zum Servieren mit Puderzucker.

CHURROS

25 Stk.

45 Min.

Schwer

Zutaten

225 g Mehl
1 TL Backpulver
20 g Butter
150 g Puderzucker
220 ml Wasser
2 Eier
1 TL Zimt

Außerdem:
Handmixer, Backpapier, Spritzbeutel mit Sterntülle (10 mm Durchmesser)

Nährwerte p. P.

699 kcal
63 g Kohlenhydrate
46 g Fett
7 g Eiweiß

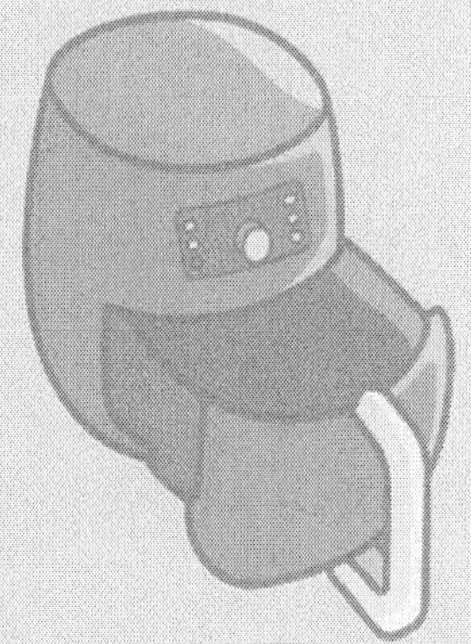

1 Geben Sie das Wasser mit der Butter in einen Topf und kochen Sie die Mischung auf. Nehmen Sie den Topf vom Herd und geben Sie das Mehl direkt dazu und rühren Sie die Mischung zu einem Teig. Stellen Sie den Topf erneut auf den Herd und erhitzen Sie ihn unter ständigem Rühren für ca. 5 Minuten. Geben Sie den Teig in eine Schüssel. Schlagen Sie die Eier dazu und arbeiten Sie sie mit den Knethaken des Handmixers ein. Lassen Sie den Teig abkühlen. Sieben Sie dann das Backpulver in die Schüssel und arbeiten Sie es gründlich ein.

2 Schneiden Sie mehrere Stücke Backpapier in der Größe des Korbs der Heißluftfritteuse zu. Füllen Sie den Teig in einen Spritzbeutel mit Sterntülle von 10 mm Durchmesser. Drücken Sie den Teig durch den Spritzbeutel. Die Churros sollten 10 - 15 cm lang sein, sodass sie auf das Backpapier passen und sich nicht berühren. Schneiden Sie den Teig also immer in dieser Länge ab und bereiten Sie mehrere Portionen auf diese Weise auf Backpapier zu. Bewahren Sie die Portionen, die noch nicht gebacken werden, am besten im Eisfach, alternativ im Kühlschrank, auf.

3 Backen Sie die Backpapiere mit den rohen Churros portionsweise bei 180 °C für ca. 12 Minuten, bis sie goldbraun sind. Entnehmen Sie das Gebäck und lassen Sie es auf Küchenpapier auskühlen, während die restlichen Churros gebacken werden. Sieben Sie in der Zwischenzeit den Puderzucker und mischen Sie ihn mit dem Zimt. Servieren Sie die Churros, mit reichlich Puderzucker bestreut.

S'MORES

4 Port. 15 Min. Mittel

Zutaten

16 Butterkekse
8 Marshmallows
1 Tafel Schokolade, Vollmilch

Nährwerte p. P.

498 kcal
58 g Kohlenhydrate
26 g Fett
6 g Eiweiß

1 Legen Sie 8 Kekse in den Korb der Heißluftfritteuse. Legen Sie je einen Marshmallow auf jeden Keks. Backen Sie sie bei 180 °C für 3 bis 5 Minuten, bis die Marshmallows weich und leicht gebräunt sind.

2 Brechen Sie in der Zwischenzeit die Schokolade in 8 Stücke. Nehmen Sie die Kekse vorsichtig aus der Heißluftfritteuse. Legen Sie je ein Stück Schokolade auf einen heißen Marshmallow und drücken Sie einen weiteren Keks obendrauf, sodass die Schokolade schmilzt.

3 Genießen Sie die sehr heißen S'mores vorsichtig.

Tipp: Die Marshmallows zerlaufen leicht, wenn Sie sie zu lange erhitzen. Legen Sie zum Schutz des Korbs ein Stück Backpapier hinein.

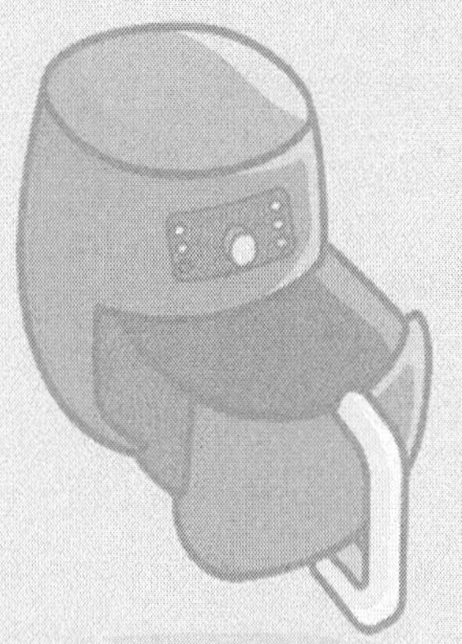
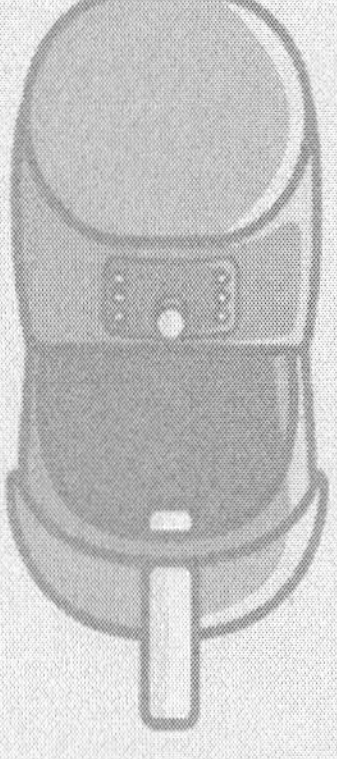
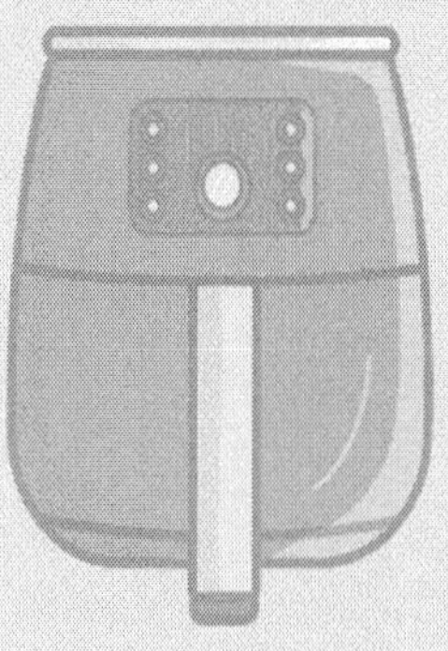

GRUNDREZEPT: WHITE CHOCOLATE FUDGE

8 Port.

30 Min.

Leicht

Zutaten

400 g gezuckerte Kondensmilch
50 g Butter
400 g weiße Schokolade
1 TL Vanilleextrakt
1 Prise Salz
1 Prise Zimt

Für das Topping:
2 EL getrocknete Goji-Beeren
50 g Mandeln
50 g Amaretto-Kekse
50 g Mini-Marshmallows

Außerdem:
Schneebesen, Backpapier

Nährwerte p. P.

484 kcal
50 g Kohlenhydrate
28 g Fett
8 g Eiweiß

1 Legen Sie den Korb der Heißluftfritteuse mit Backpapier aus, sodass keine Lücken vorhanden sind.

2 Schmelzen Sie die weiße Schokolade in einem kleinen Topf im Wasserbad. Nehmen Sie den Topf aus dem Wasser und rühren Sie die Butter und die gezuckerte Kondensmilch mit dem Schneebesen in die Schokolade. Rühren Sie den Zimt, den Vanilleextrakt und eine Prise Salz hinein. Gießen Sie die Mischung vorsichtig auf das Backpapier und garen Sie die Mischung bei 100 °C für 20 bis 25 Minuten.

3 Bereiten Sie in der Zwischenzeit die übrigen Zutaten vor. Hacken Sie die Mandeln und zerstoßen Sie die Kekse grob. Stellen Sie die Goji Beeren und die Mini-Marshmallows bereit.

4 Nehmen Sie das Fudge aus der Fritteuse und streuen Sie die Zutaten fürs Topping sofort in die heiße Masse. Lassen Sie das Fudge dann auskühlen und schneiden Sie es in kleine Stücke.

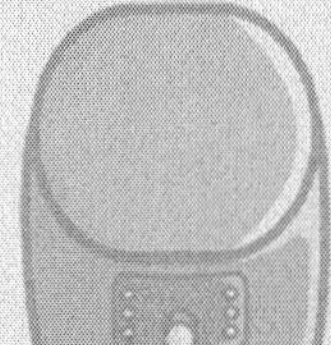

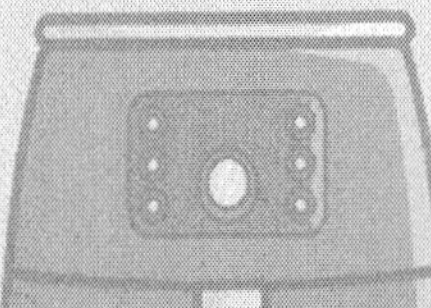

Tipp: Sie können die Schokolade auch durch Vollmilch oder Zartbitter ersetzen und das Topping nach Herzenslust abwandeln. Von gesunden Nüssen und Beeren bis zu kleinen Süßigkeiten wie Gummibärchen und gehackten Keksen ist bei diesem süßen Dessert alles erlaubt.

GEBACKENE BANANEN

 4 Port.

 50 Min.

Leicht

Zutaten

4 Bananen

Als Topping:
½ Tafel Schokolade, Vollmilch
½ Tafel Schokolade, weiß
Mini-Marshmallows
Zimt und Zucker
Gehackte Haselnüsse
Gehackte Pistazien
Erdnussbutter
Kakao-Nibs

Nährwerte p. P. (Banane)

133 kcal
29 g Kohlenhydrate
1 g Fett
2 g Eiweiß

Nährwerte p. P. (mit Topping))

520 kcal
66 g Kohlenhydrate
25 g Fett
5 g Eiweiß

1 Waschen Sie die Bananen mit Wasser ab und tupfen Sie sie trocken. Legen Sie die Bananen in den Korb der Heißluftfritteuse. Schneiden Sie jeweils die Schale und die Frucht an der Oberseite längs ein.

2 Backen Sie die Bananen bei 200 °C für 7 bis 10 Minuten.

3 Bereiten Sie in der Zwischenzeit die restlichen Zutaten vor, indem Sie Schüsseln und kleine Gabeln und Löffel bereitstellen und die Topping-Zutaten darin anrichten, sodass jeder sein Dessert selbst befüllen kann, ganz nach Lust und Laune.

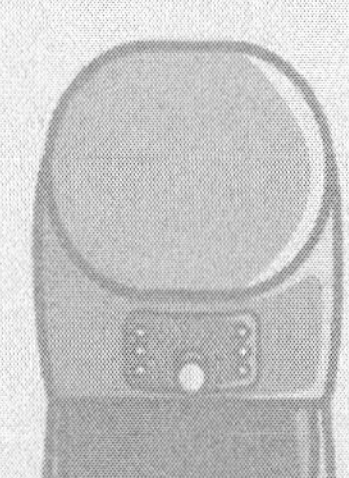

Tipp: Servieren Sie die Bananen, wie oben beschrieben, zum Selbst-Befüllen. Die Bananen sollten noch heiß sein, damit die Zutaten leicht schmelzen.

GRUNDREZEPT: GEBRANNTE MANDELN

4 Port.

20 Min.

Mittel

Zutaten

500 g Mandeln, ganz
100 g Zucker
1 Päckchen Vanillezucker
2 TL Zimt
1 Prise Salz
100 ml Wasser

Außerdem:
Backpapier

Nährwerte p. P.

727 kcal
29 g Kohlenhydrate
56 g Fett
21 g Eiweiß

1 Legen Sie den Korb der Heißluftfritteuse mit Backpapier aus, sodass eine Wanne entsteht.

2 Geben Sie das Wasser, den Zucker, eine Prise Salz, den Vanillezucker und den Zimt auf das Backpapier und erhitzen Sie die Mischung bei 200 °C für 3 bis 5 Minuten.

3 Geben Sie die Mandeln in die Flüssigkeit und rühren Sie vorsichtig um. Backen Sie die Mandeln bei 160 °C für weitere 12 Minuten, bis der Zucker karamellisiert ist.

4 Lassen Sie die Mandeln auf dem Backpapier auskühlen.

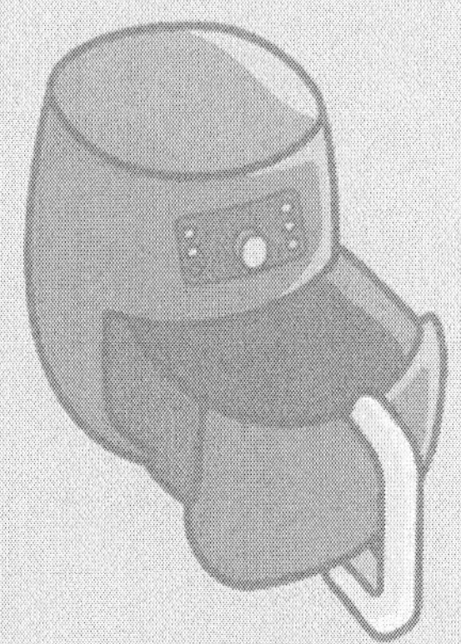

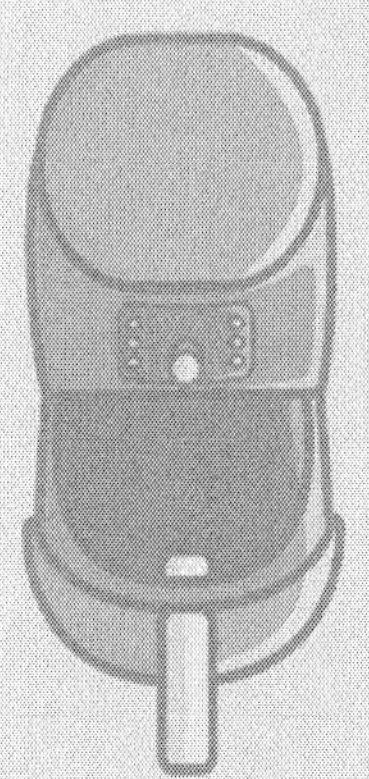

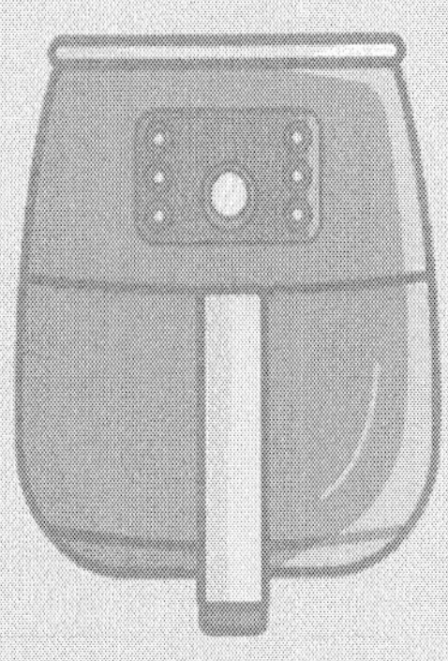

GEBRANNTE NÜSSE (MIX)

4 Port.

20 Min.

Mittel

Zutaten

500 g Nüsse, ganz
100 g Zucker
1 Päckchen Vanillezucker
2 TL Zimt
1 Prise Salz
100 ml Wasser

Außerdem:
Backpapier

Nährwerte p. P.

758 kcal
29 g Kohlenhydrate
62 g Fett
17 g Eiweiß

1 Legen Sie den Korb der Heißluftfritteuse mit Backpapier aus, sodass eine Wanne entsteht.

2 Geben Sie das Wasser, den Zucker, eine Prise Salz, den Vanillezucker und den Zimt auf das Backpapier und erhitzen Sie die Mischung bei 200 °C für 3 bis 5 Minuten.

3 Geben Sie die Nüsse in die Flüssigkeit und rühren Sie vorsichtig um. Backen Sie die Nussmischung bei 160 °C für weitere 12 Minuten, bis der Zucker karamellisiert ist.

4 Lassen Sie die gebrannten Nüsse auf dem Backpapier auskühlen.

Tipp: Verwenden Sie eine Mischung aus Pistazien, Haselnüssen, Walnüssen und Cashews.

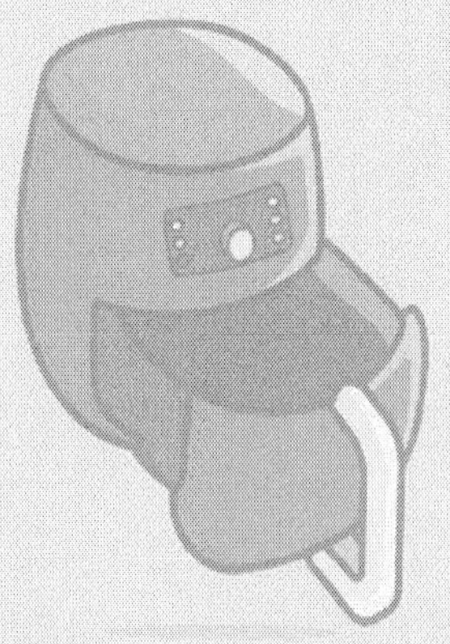

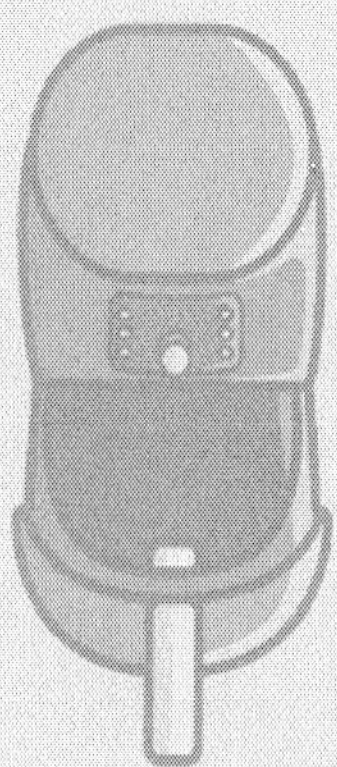

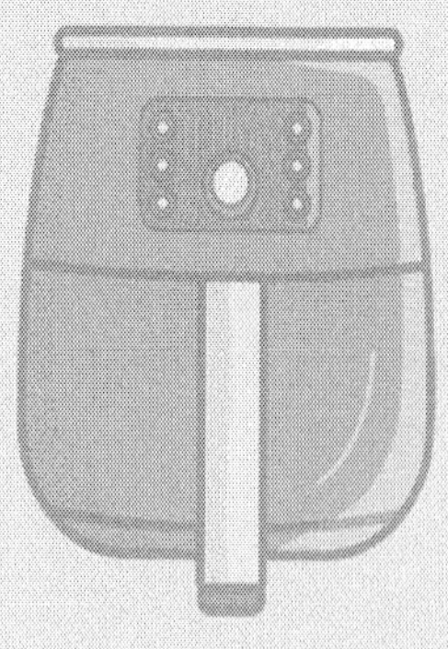